Julia Nuriakhmetova

Recherche cognitive de la phraséologie

Julia Nuriakhmetova

Recherche cognitive de la phraséologie

Potentiel fonctionnel et cognitif de la phraséologie des noms de verbes anglais

ScienciaScripts

Contenu

Introduction

La complexité du problème de la signification phrasématique et de son organisation conceptuelle s'explique principalement par le fait que la frontière entre les combinaisons de mots libres et les unités phraséologiques n'est pas clairement définie. Les phrases dites *libres* ne sont que relativement libres, car la compatibilité des composants des mots est fortement limitée par leur valence lexicale et grammaticale, ce qui fait qu'au moins un grand nombre d'entre eux sont très proches de *combinaisons stables*. Il existe d'innombrables cas intermédiaires entre les extrêmes de la pleine motivation et la variété des composantes des mots et le manque de motivation combiné à la pleine stabilité des composantes lexicales et de la structure grammaticale (Ginzburg 1966).

Dans cet article, une nouvelle perspective de considération de la valeur phaséomatique - cognitive. Ces dernières années, la catégorie de la valeur unitaire des langues a reçu une nouvelle interprétation dans la linguistique cognitive en plein développement. L'utilisation de son appareil scientifique et le développement d'une méthodologie spéciale pour étudier l'organisation conceptuelle et le fonctionnement des phrases phraséomatiques sous divers aspects semblent extrêmement prometteurs.

L'étude était basée sur les données du Longman Dictionary of Contemporary English (LDCE). Le fonds total des phrases phraséologiques anglaises analysées est de plus de 2000 unités.

Целью данного исследования является реконструкция концептуальной организации фразеоматического значения на примере английских глагольно-именных фразеоматических сочетаний. В свою очередь выявление концептуальной организации служит этапом в определении функциональноle potentiel cognitif des unités linguistiques considérées.

La base théorique de cette thèse est le travail de différents chercheurs : dans le domaine de la linguistique cognitive - Kubryakova E.S., Demiankova V.Z., Popova Z.D., Sternina I.A., Lakoffa J. ; dans le domaine de la phraséologie et, en particulier, de la phraséomatique - A.V. Kunina, N.N. Amosova, V.V. Vinogradova, V.L. Dashevskaya, L.A. Uralova, V.M. Kalimullina, A.F. Batyrova, M.A. Grosheva ;

La méthode de reconstruction de l'organisation conceptuelle est basée sur l'interprétation onomasiologique des définitions des combinaisons phraséomatiques, selon laquelle les unités verbales identifient le concept, et les autres mots et étiquettes identifient les attributs de ce concept.

Cet ouvrage se compose d'une introduction, de deux chapitres, d'un avis et d'une liste de littérature et de dictionnaires utilisés.

Le premier chapitre **"Conditions théoriques préalables à l'étude de l'organisation conceptuelle de la signification des combinaisons phrasématiques de mots"** donne un aperçu de la littérature linguistique sur les questions liées au développement et à l'état actuel de la phraséologie, définit les conditions théoriques préalables de la perspective cognitive de l'étude des combinaisons phrasématiques, ainsi que la définition, la classification et la description de leur structure et de leur sémantique.

Le deuxième chapitre, **"Organisation conceptuelle des significations des expressions phraséomatiques des noms de verbes anglais dans le dictionnaire explicatif anglais"**, étudie le potentiel fonctionnel et cognitif des unités phraséomatiques des noms de verbes anglais sur la base d'une analyse préliminaire de leurs structures conceptuelles, reconstruites par l'interprétation onomasiologique de ces définitions.

Il se termine par un résumé de l'étude et les conclusions de l'analyse.

La liste de la littérature et des dictionnaires représente les sources littéraires et lexicographiques utilisées dans la recherche.

Chapitre I **Conditions théoriques préalables à l'étude de l'organisation conceptuelle de la signification des phrases phraséologiques**

§ 1 Les unités phraséologiques comme objet de la linguistique

1.1. Principaux problèmes de phraséologie et leur solution

La phraséologie de toute langue est le patrimoine linguistique le plus précieux, qui reflète la vision du monde, la culture nationale, les coutumes et les croyances, la fantaisie et l'histoire des personnes qui la parlent (Cherdantseva 1996).

Il n'y a pas d'unité entre les linguistes sur de nombreuses questions importantes. Il s'agit des propriétés sémantiques des phraséologismes, de la traduisibilité des unités phraséologiques. La complexité de la phraséologie ne réside pas seulement dans l'interprétation multidimensionnelle du terme lui-même. Elle est causée par la nature contradictoire de ses unités : étant des unités linguistiques, elles semblent en même temps dépasser les limites des ressources linguistiques, par leurs méthodes d'éducation et de désignation linguistique des phénomènes et des objets de la réalité environnante (Alekhine 1979).

Quant à la portée de la phraséologie, il existe des points de vue contradictoires selon la compréhension de l'unité phraséologique : M.I. Fomina pense que l'objet de la phraséologie en tant que science sont les phraséologues, qui sont caractérisés par un ensemble complet de caractéristiques catégorielles de base. Elles deviendront plus évidentes si l'on compare une unité phraséologique complexe et diverse avec un mot d'une part et une combinaison de mots d'autre part (Fomina 1983).

Contrairement à un mot dont l'intégrité (en termes de composition des sons et des morphes) et l'unidirectionnalité sont constantes, la phraséologie est caractérisée par une séparation lexicale et accentuologique. La signification lexicale de chaque mot est distincte. Elle se réfère à l'objet, au concept, à l'action, etc. Le sens de la phraséologie est toujours expressif. Il n'est pas libre, indivisible sémantiquement, car il s'agit d'une signification totalement ou partiellement non motivée des composantes des mots, qui ne sont plus des mots, mais des composantes, soulignant ainsi leur vide lexical total ou partiel, la désémantisation. Cette signification est appelée phraséologique.

Ainsi, l'une des principales caractéristiques catégoriques et essentielles de la phraséologie est la présence d'une signification phraséologique expressive et holistique.

Il existe des similitudes entre un mot et une unité phraséologique. Elle consiste dans le fait que les deux unités sont perçues comme prêtes à l'emploi ; chaque mot et chaque phraséologie sont caractérisés par une corrélation régulière avec la même partie du discours, c'est-à-dire qu'ils remplissent des fonctions syntaxiques similaires.

De nombreux linguistes nationaux définissent une unité phraséologique de différentes manières, en l'appelant phraséologie, combinaison de mots stable, phraséologie, etc.

V.P. Joukov considère la phraséologie comme une unité de langage stable et reproductible, formée séparément, constituée de composants, dotée d'un sens intégral (ou moins souvent partiellement intégral) et combinée à d'autres mots. Il note que la phraséologie commence là où se termine la réalisation sémantique de ses composantes (Joukov 1978).

N.M. Shanskiy estime qu'un tournant phraséologique est une unité toute faite de deux ou plusieurs composantes percussives de caractère verbal, fixées en valeur, composition et structure (Shanskiy 1972).

Il existe de nombreuses autres définitions d'une unité phraséologique et toutes sont similaires en ce sens qu'elles la reconnaissent comme une entité durable, bien que la durabilité soit comprise différemment. A.V. Kunin distingue les types de stabilité suivants d'une unité phraséologique :

1) la stabilité d'utilisation, c'est-à-dire le fait que la phraséologie est une unité de langage et non une éducation individuelle. Un indicateur de ce type de micro-résistance est la reproduction sous forme finie ;

2) структурно-семантическая устойчивость, т.е. фразеологическая единица состоит из не менее чем двух слов, является раздельнооформленным образованием и не обладает типовым значением, т.е. не может служить образцом для создания аналогичных фразеологических единиц по структурноdu modèle sémantique ;

3) La stabilité sémantique se manifeste dans le fait que pour toutes les normes et les changements structurels et lexicaux occasionnels d'une unité phraséologique, toutes ses variantes ont un certain invariant sémantique et lexical ;

4) la stabilité lexicale, c'est-à-dire l'immuabilité complète des composants ou la possibilité de remplacement normatif des composants uniquement dans le cadre de la variabilité phraséologique (Kunin 1974).

A.V. Kunin conclut que la stabilité d'une unité phraséologique est un volume de différents types de microstabilité qui lui est inhérent. En conséquence, il définit une unité phraséologique comme une combinaison stable de lexèmes ayant une valeur entièrement ou partiellement repensée. Cette définition d'une unité phraséologique est acceptée par de nombreux linguistes comme une unité de travail et est utilisée par eux comme point de départ pour développer la théorie de la phraséologie.

1.2. Phraséologie : ses limites et son volume

La phraséologie est la science des unités phraséologiques, c'est-à-dire des combinaisons stables de mots avec une sémantique compliquée qui ne sont pas formées en générant des modèles structurellement sémantiques de combinaisons variables (Kunin 1986).

Le terme "phraséologie" a deux définitions : la section de linguistique qui étudie la composition phraséologique de la langue dans son état moderne et son développement historique ; l'ensemble des phraséologismes de cette langue (Yartseva 1990).

Le sujet de la phraséologie en tant que section de la linguistique est l'étude de la nature des phraséologies et de leurs caractéristiques catégorielles et l'identification des modèles de leur fonctionnement dans la parole.

La phraséologie est un phénomène extrêmement complexe ; son étude nécessite sa méthode de recherche et l'utilisation d'autres sciences - lexicologie, grammaire, stylistique, phonétique, histoire de la linguistique, histoire, philosophie, logique et études de pays. La phraséologie étudie la spécificité de la phraséologie en tant que signe de l'enseignement secondaire, en particulier - en tant que produit d'un type spécial de nomination secondaire - indirecte, représentée par divers types d'interaction syntagmatique entre les mots-composants dans les processus de repensée et de formation d'un nouveau sens de la combinaison originale ou d'un seul mot. La phraséologie étudie également les particularités de la fonction de signe des phraséologismes, leur signification, leur spécificité structurelle et sémantique, qui se manifeste dans les principales caractéristiques de la phraséologie - stabilité et reproductibilité, explore la nature des composants des phraséologismes, leur structure syntaxique et morphologique, la nature des liens syntaxiques avec d'autres unités de langage et les formes de mise en œuvre dans le discours, la nature des restrictions dans les modifications, possible pour les analogues libres de la phraséologie. Une tâche particulière de la phraséologie consiste à étudier le système de liens à la fois entre les idiomes et entre les idiomes et le système général de la langue des unités significatives - principalement les mots.

Исследуется специфика style fonctionnel дифференциации фразеологизмов и соотношения нейтральных для языка лексических способов номинации и экспрессивно окрашенных наименований фразеологического характера. Одной из задач фразеологии также является изучение процессов фразообразования в их номинативном и коммуникативно- aspects fonctionnels, et description de la dérivation phraséologique - la formation de nouvelles significations des mots basées sur les valeurs de la phraséologie.

La phraséologie développe des principes pour la sélection des unités phraséologiques, les méthodes de leur étude, la classification et la description dans les dictionnaires.

La phraséologie est associée aux études d'histoire et de littérature, et non pas principalement aux disciplines linguistiques : lexicologie, sémantique, grammaire, phonétique, stylistique, histoire du langage et linguistique. Les unités phraséologiques sont composées de mots, alors que le mot est le sujet principal de la lexicologie. La théorie de la signification lexicale, développée en sémantique, permet de révéler les caractéristiques sémantiques des unités phraséologiques et de définir différents types de signification phraséologique. La morphologie aide à comprendre ce qui est perdu et ce qui est omis délibérément, car un mot dans une unité phraséologique ne perd pas toujours ses caractéristiques morphologiques. La syntaxe est importante pour déterminer les caractéristiques grammaticales des unités phraséologiques, leur structure grammaticale et leur fonction. La phonétique détermine la prononciation différente d'un mot dans une unité phraséologique. La stylistique phonologique, qui étudie les possibilités stylistiques des unités phonologiques, sur la base de l'expérience de la stylistique lexicale. L'histoire de la langue et l'étymologie sont nécessaires à l'analyse étymologique des unités phraséologiques. En retour, la phraséologie enrichit toutes les disciplines susmentionnées, grâce aux caractéristiques de l'objet d'étude.

Les unités phraséologiques (phraséologues) comblent les lacunes du système lexical de la langue, qui ne peut pas fournir le nom de toutes les facettes de la réalité, et en sont souvent les seuls signes. Lorsqu'une phraséologie a un synonyme lexical, ils diffèrent généralement en termes de style. La thraséologie est un trésor de langage. Les thréologismes reflètent l'histoire des peuples, l'originalité de leur culture et de leur vie quotidienne. Les thraséologismes sont souvent de nature très nationale. Outre les phraséologismes purement nationaux, la phraséologie anglaise comporte de nombreux phraséologismes internationaux. Le fondement phraséologique anglais est un conglomérat complexe de phraséologismes autochtones et empruntés avec une domination évidente des premiers.

Les thraséologismes sont des unités de langage très informatives, ils ne peuvent être considérés comme des "décorations" ou des "excès". Les thraséologismes sont l'un des univers linguistiques, car il n'y a pas de langues sans phraséologismes. La phraséologie anglaise est très riche et a une longue histoire.

Les thraséologismes sont des groupes de mots sémantiquement liés qui sont formés en dehors des règles générales de sélection et de combinaison des mots. Le terme "unité phraséologique" désigne plusieurs types d'expressions sémantiquement différentes : les *idiomes* sont caractérisés par un manque de motivation et ont une fonction nominale intégrale ; les ***proverbes et les dictons sont formés*** dans le folklore et les ***mots ailés*** - *des* expressions aphoristiques, appartenant généralement à un auteur spécifique ou à une source littéraire anonyme.

Il convient de noter que les points de vue des différents auteurs sur le terme "unité phraséologique" ne coïncident pas. Par exemple, I.V. Arnold préfère le terme "expressions stables" en raison de l'incertitude des termes "phraséologie" et "idiome" acceptés dans la linguistique de notre pays. Il existe de nombreux avis sur la définition, la classification, la description et l'analyse de cette partie du vocabulaire. De plus, il n'y a pas deux chercheurs dont les opinions sur la terminologie utilisée sont les mêmes. Le mot "phraséologie", par exemple, a des significations différentes dans notre pays, au Royaume-Uni et aux États-Unis.

Dans la littérature linguistique russe, ce terme est utilisé pour tout le groupe d'expressions où la signification d'un élément dépend de l'autre, indépendamment de la structure et des propriétés de l'expression (V.V. Vinogradov) ; selon d'autres auteurs, il ne définit que les expressions stables qui, contrairement aux idiomes, n'ont pas d'expressivité ou de coloration émotionnelle (A.I. Smirnitsky). N.N. Amosova surmonte la subjectivité des définitions ci-dessus en insistant pour n'appliquer ce terme qu'aux expressions qu'elle appelle "unité avec un contexte stable", c'est-à-dire une unité dont il est impossible de remplacer l'une des composantes "sans changer le sens non seulement de l'expression entière, mais aussi des éléments de l'expression qui sont restés inchangés. A.V. Kunin met en évidence la particularité structurelle des éléments de l'unité phraséologique, le changement de sens de l'ensemble, par opposition à ses éléments pris séparément, et détermine le degré de stabilité.

Dans la linguistique anglaise et américaine, le sens du terme "phraséologie" diffère sensiblement du sens adopté dans la linguistique domestique. Le concept de "phraséologie" est stylistique, ce qui signifie "mode d'expression, choix des mots, style" (New Webster's Dictionary of the English Language / Delhi, 1989).

Le mot "idiome" est encore plus polysémantique. Les Anglais l'utilisent pour définir la façon dont la langue s'exprime, sans faire de distinction entre les niveaux grammaticaux et lexicaux. Elle peut également désigner un groupe de mots dont la signification est difficile ou impossible à comprendre en connaissant le sens des mots individuels. En outre, "idiome" peut signifier un mot synonyme de "langue" ou de "dialecte", indiquant une forme d'expression caractéristique d'un peuple, d'un pays, d'une région ou d'une personne.

Le terme "expression stable" est au contraire plus défini et plus clair, puisque le premier élément met en évidence la caractéristique la plus importante de ces unités, à savoir leur stabilité et leur certitude.

Certains linguistes classent la phraséologie comme un vocabulaire d'une langue, mais la phraséologie fait partie de la lexicologie, principalement parce que les unités phraséologiques sont considérées comme équivalentes aux mots et la lexicologie comme une discipline qui étudie les mots et leurs équivalents. C'est pourquoi la théorie de l'équivalence de la phraséologie avec le mot mérite un examen plus détaillé. Charles Bally a noté qu'une caractéristique commune à toutes les unités phraséologiques est la possibilité ou l'impossibilité de la remplacer par un seul mot, qu'il a appelé "identificateur de mot" (Bally 1905).

Ce point de vue est assez controversé. L'intégration sémantique d'une unité phraséologique ne peut être définie de cette manière, car certaines expressions peuvent avoir des mots-synonymes. Par exemple : ***regarder fixement*** - *fixer,* etc. En outre, de nombreuses unités phraséologiques n'ont pas d'identificateurs de mots et ne peuvent être définies qu'avec une autre combinaison de mots, par exemple : ***boire comme un poisson*** - *boire trop,* etc. Il convient également de noter que les proverbes et dictons, c'est-à-dire les unités phraséologiques qui ont la structure d'***une*** phrase, ne peuvent être définis qu'à l'aide d'une phrase, par exemple : les *personnes qui ont le même intérêt, les mêmes idées, etc. sont attirées les unes par les autres et restent proches les unes des autres.*

Le terme "équivalent mot" appartient à L.V. Scherba. Il a fait remarquer que de telles combinaisons de mots dénotent un concept et constituent un équivalent potentiel (Scherba 1915).

Les relations entre les unités phraséologiques verbales et leurs synonymes lexicaux - les mots-identificateurs - ont été étudiées dans le document, où des différences significatives entre elles ont été révélées (Rudenko 1981). Il est connu que les unités phraséologiques et leurs synonymes lexicaux expriment la même signification de différentes manières, c'est-à-dire qu'ils ont différents types de nomination. Les mots sont utilisés dans leur sens littéraire, ce qui est typique pour le type de nomination primaire, et les unités phraséologiques appartiennent au type de nomination secondaire.

D'éminents linguistes, les académiciens F.F. Fortunatov, A.A. Chess et d'autres ont préparé le terrain pour l'analyse syntaxique des expressions stables. De nombreux linguistes russes ont exprimé un grand intérêt pour les aspects théoriques du problème dans son ensemble, ainsi que pour ses différentes parties. Une branche particulière de la linguistique - la phraséologie - est apparue dans notre pays. Les théories les plus remarquables ont été développées par V.V. V. Vinogradov et B. A. Larin. Quant à la langue anglaise, le nombre d'ouvrages sur sa phraséologie est même impossible à calculer. Il suffit de dire qu'il existe un dictionnaire de phraséologie anglais-russe d'A.V. Kunin, complété par des articles de N.N. Amosova et A.V. Kunin.

L'approche de B.A. Larina diachronichen. Sa classification reflète trois étapes successives, qui s'expriment régulièrement dans le processus de développement. Dans un premier temps, il s'agit simplement d'une combinaison de mots libre. Dans un deuxième temps, il s'agit déjà d'une expression métaphorique stéréotypée motivée. Dans la troisième étape, il s'agit d'un idiome avec une perte de motivation. La signification d'une expression devient claire pour l'auditeur non pas comme un ensemble de valeurs de ses éléments, mais comme la signification de l'expression dans son ensemble.

Classification des académiciens V.V. La Vinogradova est synchrone. Ses articles sur la phraséologie russe ont eu un impact énorme sur les linguistes, tant dans notre pays qu'à l'étranger. Sa classification est basée sur la motivation des unités phraséologiques, ou sur la relation entre l'expression et le sens de ses composantes. Le degré de motivation est en corrélation avec la stabilité, l'indivisibilité et la coordination sémantique de l'expression, c'est-à-dire avec la possibilité de forme ou d'ordre des composantes et le remplacement de l'expression entière par un mot. En fonction de la motivation et d'autres attributs, les unités phraséologiques sont divisées en trois types : les liens phraséologiques, l'unité phraséologique et les combinaisons phraséologiques. Les articulations **phraséologiques**, ou **idiomes,** comme leur nom l'indique, représentent le plus haut degré de fusion. La signification des composants est entièrement absorbée par la signification de l'expression entière, son expressivité et ses propriétés émotionnelles. Par exemple : la *paperasserie - la bureaucratie, pour **mâcher le chiffon** - pour bavarder*. Les fusions phraséologiques sont spécifiques à chaque langue et ne se prêtent pas à la traduction littéraire dans d'autres langues.

L'**<u>unité phraséologique est</u>** plus nombreuse. Ils sont clairement motivés. La qualité émotionnelle est basée sur une image métaphorique créée par l'expression dans son ensemble. Par exemple : ***pour laver son linge sale en public, pour montrer ses dents***. Une autre caractéristique des expressions de ce type est la possibilité de remplacement des synonymes sans changer le sens de l'ensemble de l'expression, qui peut toutefois être très limité. Certaines de ces expressions peuvent être facilement traduites et sont même internationales : savoir ***comment souffle le vent*** - *savoir où* ***souffle le vent.***

Le troisième groupe de cette classification est constitué de combinaisons phraséologiques qui ne sont pas seulement motivées, mais qui contiennent également un élément utilisé dans son sens direct, tandis que l'autre est utilisé de manière métaphorique : ***pour répondre aux exigences***. La mobilité des expressions de ce type est beaucoup plus élevée que celle des types précédents. Pour les combinaisons phraséologiques, on peut choisir des substitutions qui ne détruisent pas le sens de l'élément métaphorique : ***pour répondre à la nécessité, à la demande***. Ces substitutions ne sont pas synonymes, et le sens de l'expression entière change, tandis que le sens du verbe reste inchangé.

La faiblesse de cette classification a été relevée par plusieurs chercheurs. Lorsqu'on essaie de l'appliquer à la langue anglaise, il faut garder à l'esprit certaines limites. V.V. Vinogradov a inclus dans sa classification des proverbes, des termes techniques à deux membres et des combinaisons stéréotypées qui ne montrent pas de changements contextuels de sens. Enfin, cette classification manque d'une base théorique générale, et étant développée pour la phraséologie russe, elle ne reflète pas les spécificités de la langue anglaise.

Le professeur A.I. Smirnytsky considère qu'une unité phraséologique est similaire à un mot unique dans la mesure où la relation entre ses parties est idiomatique, elle a donc une intégrité sémantique importante et est incluse dans le discours comme une seule unité. Il considère que la différence entre une unité lexicale (mot) et une unité phraséologique est structurelle et utilise le terme "séparation" pour désigner l'absence d'intégrité structurelle. Il distingue trois classes de combinaisons de mots : les **combinaisons de mots traditionnelles** qui, répétées plusieurs fois dans le discours, ne sont pas représentées par des équivalents de mots. Le sens des combinaisons de mots traditionnelles est dérivé de la somme des valeurs de leurs composants, par exemple : *poings serrés - poings* comprimés, ébauche - ébauche, ébauche ; *hausser les épaules - hausser les épaules*. L'idiomatique est la principale caractéristique des **unités phraséologiques,** ce qui les distingue de la combinaison de mots pendant le discours. Les unités phraséologiques sont constamment utilisées dans le discours anglais et font partie intégrante du tissu de base de la langue. Ils sont dépourvus de figuration et de métaphores. S'il existe une image sous-jacente à une unité phraséologique, c'est uniquement en termes d'origine. Voici quelques exemples d'expressions de cette classe : se lever - *se lever (se réveiller), tomber amoureux - **tomber amoureux,** être surpris - être surpris,* etc. Les **idiomes** sont basés sur le transfert de sens, une métaphore clairement comprise par les locuteurs. Ils se caractérisent par une coloration stylistique vive, une saturation émotionnelle, un écart par rapport à un style neutre. Par exemple : *prendre le taureau par les cornes - prendre le **taureau par les cornes** ; laver son linge sale en public - enlever la saleté de la* cabane *; pêcher dans les eaux troubles - pêcher dans les eaux* boueuses.

Seule la deuxième classe de combinaisons de mots - les unités phraséologiques - a été analysée et classée en détail ; la classification plus détaillée est plutôt aléatoire et contient des critères structurels, stylistiques et sémantiques. Cette classification a eu beaucoup moins d'impact que la classification de V.V. La classification de Vinogradov, cependant, dans son approche des combinaisons de mots stables, peut être très utile, puisque les caractéristiques les plus importantes de la langue anglaise sont notées ici.

Nous trouvons une compréhension différente des unités phraséologiques dans les travaux de N.N. Amosova. Elle distingue deux types d'unités phraséologiques, à savoir les phrases et les idiomes (Amosova 1963). Les **phrases** sont des unités de contexte constant, où l'indice minimum requis pour actualiser un sens donné d'un mot sémantiquement réalisé est la seule constante possible, par exemple : *thé au boeuf, pour se tricoter les sourcils, gelée noire.* La deuxième composante est l'indice minimum pour la première. Il convient de noter que la compatibilité unique de nombreuses phrases est extrêmement instable et qu'elles passent facilement dans les variables de combinaison de mots. N.N. Amosova elle-même admet que les phrases sont la partie la plus fluide du fonds phraséologique (Amosova 1964). Les **idiomes**, par opposition aux phrases, sont des unités de contexte constant où le minimum d'indice et l'élément sémantiquement réalisable constituent normalement une identité et où tous deux sont représentés par la composition lexicale commune de la combinaison de mots. Les idéaux se caractérisent par une signification holistique, par exemple : *bureaucratie - paperasserie - **paperasserie, bureaucratie** ; **jouer avec le feu** - jouer avec le feu,* etc. N.N. Amosova a également distingué des phraséologismes partiellement prédictifs - les tours, qui contiennent un membre grammatical principal - un antécédent, et une unité prédictive qui en dépend, par exemple : ***voir comment se trouve la terre*** *- pour savoir comment sont les choses ;* ***passer la nuit*** *- les réunions fugaces,* etc. N.N. Amosov n'inclut pas dans sa phraséologie les virages stables avec une structure entièrement prédictive. N.N. Amosova a fondé sa classification sur un seul principe, ce qui constitue un inconvénient ou, comme le fait remarquer S.G. Gavrin, un "point vulnérable" de son concept, puisqu'elle réduit toute la variété des phénomènes phraséologiques à un seul facteur - la compatibilité phraséologique (Gavrin 1974).

A.I. Yefimov a la compréhension la plus large du volume de la phraséologie. Il renvoie aux moyens phraséologiques du langage les idiomes, les proverbes, les aphorismes des écrivains, les lignes ailées des poèmes, les formules stables, les tournures de caractère scientifique et technique (Yefimov 1961).

S.G. Gavrin comprend largement la portée de la phraséologie, qui est adaptée au système phraséologique du point de vue de la complicité fonctionnelle et sémantique (Gavrin 1974). S.G. Gavrin a réussi à créer une classification cohérente des phraséologismes en russe moderne.

Sur l'exemple des tournures phraséologiques du modèle "verbe + nom" dans la langue russe, N.M. Shansky distingue trois types de relations sémantiques du verbe et du nom dans les limites des tournures phraséologiques : 1) le verbe et le nom sont sémantiquement égaux, et les deux sont sémantiques ***(battre l'aubergine, poser la*** *libellule, s'asseoir dans une piscine,* etc.)) ; 2) le nom est utilisé comme élément de formation du sens de la révolution, tandis que le verbe est lexicalement vide et ne sert qu'à exprimer des significations purement grammaticales ; 3) l'élément de formation du sens de la révolution est un verbe, un nom ou un mot sémantiquement vide qui a un caractère purement expressif *(se débarrasser / se débarrasser d'un non-sens, etc.),* ou qui agit comme un morphhem particulier *(fermer les yeux).*

Le premier type de rapport de signification entre un verbe et un nom est observé dans les combinaisons phraséologiques et les unités phraséologiques, le troisième type est caractéristique des combinaisons phraséologiques. Quant à la seconde, elle se trouve dans ces combinaisons phraséologiques de différents points communs sémantiques, qui sont des "périphrases" de verbes simples contenant un nom de même racine que le verbe correspondant *(copié/référencé, regardé/regardé, etc.).*

Ainsi, l'exceptionnelle complexité de l'objet de la recherche - les unités phraséologiques - explique les différents points de vue auxquels les linguistes adhèrent pour déterminer les unités phraséologiques, leur classification. L'angle sous lequel un scientifique aborde la classification des unités phraséologiques est d'une grande importance. Pour A.I. Smirnytsky, l'un des paramètres les plus importants de la phraséologie est l'équivalence de la phraséologie au mot, pour N.N. Amosova - type de contexte constant, pour S.G. Gavrin - complicité fonctionnement-sémantique. A.I. Smirnitsky et N.N. Amosova se caractérisent par une compréhension étroite de la portée de la phraséologie, et pour S.G. Gavrin - par une compréhension large.

1.3 Phrasématique : définition et signification phraséomatique

En étudiant les différentes classifications des unités phraséologiques, il convient d'accorder une attention particulière à la classification proposée par A.V. Kunin. La particularité de cette classification est qu'A.V. Kunin estime que la phraséologie se compose de trois sections : **idiomatique**, **idiophrasomatique** et **phraséomatique**. Cette classification inclut la classification proposée par V.V. Vinogradov, la clarifie et la complète. La nécessité d'une nouvelle classification est apparue du fait que la phraséologie anglaise ne correspond pas aux trois classes de phraséologie identifiées par le V. V. Vinogradovym.

L'**idiomatique** comprend des unités phraséologiques ou des idiomes réels, c'est-à-dire des combinaisons stables de lexèmes dont le sens est entièrement ou partiellement réinterprété.

L'idiofraze-omatic comprend les unités idiofraze-omatic, c'est-à-dire des combinaisons de mots stables, au premier phraséosémantique dont les composants ont des valeurs littérales, mais compliquées, et au second phraséosémantique - complètement reconsidéré. Par exemple : ***réaction en chaîne** 1) réaction en chaîne (terme scientifique) ; 2) réaction en chaîne (variante idiomatique entièrement réinterprétée)*. La deuxième variante - repenser la première, qui est son prototype. Repenser est de nature métaphorique.

La phraséomatique comprend des unités phraséomatiques de caractère non idiomatique, mais avec une signification compliquée.

Sur la base de cette division, les linguistes distinguent trois types de valeur phraséologique : la valeur idiomatique, la valeur idiomatique et la valeur phraséologique. Ces types de valeurs font partie du microsystème phraséologique de la langue, qui permet de déterminer leurs variétés en fonction des caractéristiques structurelles et sémantiques des unités phraséologiques de chaque classe.

Le terme "signification phraséologique" a été suggéré en 1964 indépendamment par deux auteurs (Arkhangelsky 1964, Kunin 1964). La justification de la signification phraséologique en tant que catégorie linguistique est compliquée par le fait qu'il existe différentes compréhensions d'une unité phraséologique, de la composition de ses composants et du volume de la phraséologie.

La notion de signification phraséologique sera plus justifiée et détachée de la signification lexicale si nous prenons également en compte les particularités de la construction d'une unité phraséologique : "... il semble nécessaire de tenter de trouver des caractéristiques communes de différenciation des différents types de signification linguistique, car sinon le linguiste sera constamment confronté au danger de mélanger des phénomènes linguistiques d'ordre différent ou de reconnaître en fait une base sémantique unique et homogène pour tous les éléments structurels de la langue"

(Zvegintsev 1957).

La valeur phraséologique ne peut être réalisée en dehors de certaines structures. Il existe sept principaux types structurels de phraséologie en anglais.

1. Unités phraséologiques à noyau unique, c'est-à-dire des révolutions consistant en un lexème significatif et un lexème de service ou un lexème significatif et deux ou trois lexèmes de service *(au sens **large - en général,** tous ; au passage - au **passage** ; **hors passage** - à distance).* Par lexèmes de service, nous entendons les lexèmes qui ne fonctionnent pas comme des membres indépendants d'une phrase et qui servent à relier des mots dans une phrase (prépositions, unions) ainsi qu'à caractériser des nombres, la certitude ou l'incertitude de noms (articles).

2. Unités phasiologiques ayant la structure de la subjugation ou de la composition de la combinaison de mots *(se **brûler les doigts** - se **brûler les doigts** sur qqch. ; **haut et puissant** - les puissances de ce monde).*

3. Des unités phraséologiques à structure partiellement prédictive *(lexème + phrase annexe),* **qui passent dans la nuit** - *des réunions fugaces.*

4. Unités phraséologiques avec structure de phrase en appendice : quand les **porcs volent** - *"quand les **porcs** volent", jamais.*

5. Unités phraséologiques nominatives-communicatives, c'est-à-dire que le verbe tourne avec la structure de la combinaison de mots avec le verbe à l'infinitif et avec la structure de la phrase avec le verbe à la voix passive *(**pour briser la glace** - la **glace est brisée**).*

6. Des unités phraséologiques avec une structure de phrase simple ou complexe *(des **oiseaux de plumes se rassemblent** - **un pêcheur peut voir de** loin **n'importe quel vert dans mes yeux ? - Est-ce que** je vous semble si crédule ? Bon **sang !** - putain ! putain !).*

7. Les équivalents de la proposition, c'est-à-dire certains types structurels de tours intermodule ayant la puissance de la parole et caractérisés par une intonation indépendante *(**par George !** - Dieu voit !, honnêtement! ; **mon pied !** - c'est ce que je croyais! ; - au diable !, au diable le chauve !).* L'attribution d'interjections de ce type structurel aux équivalents de la peine n'est pas incontestable, comme en témoigne la

déclaration de V.V. Vinogradov : "La question de savoir si et comment les interjections d'une phrase se forment et peuvent se former et s'il s'agit de "propositions de mots" fait toujours l'objet de vifs débats parmi les syntaxiques" (Vinogradov 1947).

Le concept d'"information invariante" est important pour définir la signification phraséologique. I.S. Narsky entend par invariant de l'invarnation "ce qui est constamment préservé pendant la transformation de l'information". (Narsky 1969).

La signification phraséologique est un invariant de l'information exprimé par des unités linguistiques sémantiquement compliquées, formées séparément et non formées par la génération de modèles sémantiques structurels de combinaisons variables de mots (Kunin 1986).

Cette compréhension de la signification phraséologique permet de définir ses trois principales variétés : la signification idiomatique, la valeur idiomatique et la valeur phraséologique.

La valeur idiomatique est une invariante de l'information exprimée par des unités linguistiques distinctes dont les valeurs sont entièrement ou partiellement réinterprétées.

La valeur idiophrasmatique est une invariante de l'information exprimée par des unités linguistiques distinctes, dont certaines variantes de phrases-sémantiques ont un sens littéral mais compliqué, tandis que d'autres, étant leurs dérivés, sont complètement repensées.

La valeur phraséomatique est une invariante d'information exprimée par des unités linguistiques distinctes ayant une signification déraisonnable mais compliquée.

§ 2 La langue comme objet d'étude de la linguistique cognitive

La linguistique cognitive est une branche du fonctionnalisme linguistique qui croit que la forme linguistique est dérivée des fonctions du langage. Une importance particulière est accordée aux fonctions cognitives et l'on suppose que d'autres fonctions en sont dérivées ou y sont réduites. La linguistique cognitive se concentre sur le langage en tant que mécanisme cognitif universel.

Approche cognitive du langage - la croyance que la forme du langage est en fin de compte le reflet des structures cognitives, c'est-à-dire des structures de la conscience, de la pensée et de la cognition humaines. Parmi les phénomènes cognitifs les plus importants qui déterminent la forme du langage, on peut citer : les structures de représentation des connaissances, la catégorisation naturelle, la mémoire à long terme, la RAM, l'attention, l'activation.

Il est important de noter que, conformément à l'interprétation de l'information du paradigme du fonctionnalisme, une variété de concepts cognitifs se développent en Occident. Il existe un lien significatif entre la solution théorique du problème de la "psyché (conscience, connaissance, cognition) et du cerveau" et le développement spécifique des problèmes de l'intelligence artificielle. Il est évident que dans les conditions modernes, le paradigme du fonctionnalisme crée les conditions théoriques et méthodologiques générales les plus adéquates pour le développement d'une recherche cognitive complète en linguistique.

La sphère des intérêts vitaux de la linguistique cognitive comprend les bases "mentales" de la compréhension et de la production du discours en termes de la manière dont les structures de la connaissance linguistique sont présentées et participent au traitement de l'information (Kubryakova 1994).

Contrairement aux autres disciplines du cycle cognitif, la linguistique cognitive considère comme homo loquens les structures et les processus cognitifs caractéristiques de l'individu, et uniquement ceux-ci. À savoir, au premier plan, une description et une explication systématiques des mécanismes de l'apprentissage des langues humaines et des principes de structuration de ces mécanismes. Les questions suivantes se posent (Felix, Kanngiesser, Rickheit 1990) :

1. Représentation des mécanismes mentaux de l'apprentissage des langues et des principes de leur structuration : suffit-il de se limiter à une seule représentation - ou faut-il présenter ces mécanismes dans le cadre de différentes représentations ? Comment ces mécanismes interagissent-ils ? Quelle est leur structure interne ?

2. La production. La question principale est la suivante : la production et la perception sont-elles basées sur les mêmes unités du système ou ont-elles des mécanismes différents ? En outre, les processus qui constituent la production de la

parole se déroulent-ils en parallèle ou de manière séquentielle dans le temps ?

3. La perception à la manière des cognitivistes est étudiée un peu plus activement que la production de la parole - c'est une autre manifestation de l'interprétationnisme. À cet égard, la question est la suivante : quelle est la nature des procédures qui régulent et structurent la perception de la langue ? Quelles connaissances sont activées par ces procédures ? Quelle est l'organisation de la mémoire sémantique ? Quel est le rôle de cette mémoire dans la perception et la compréhension de la parole ?

En linguistique cognitive, il est admis que les processus mentaux ne sont pas seulement basés sur des représentations, mais correspondent également à certaines procédures - "l'informatique cognitive". Pour d'autres "disciplines cognitives" (notamment la psychologie cognitive), les conclusions de la linguistique cognitive sont précieuses dans la mesure où elles permettent de comprendre les mécanismes de ces mêmes calculs cognitifs en général.

Ainsi, la tâche centrale de la linguistique cognitive est formulée comme une description et une explication de la structure cognitive interne et de la dynamique du locuteur-auditeur. Le locuteur-auditeur est considéré comme un système de traitement de l'information constitué d'un nombre fini de composants indépendants et mettant en corrélation des informations linguistiques à différents niveaux. L'objectif de la linguistique cognitive est d'étudier un tel système et d'en établir les principes les plus importants, et non pas seulement de refléter systématiquement les phénomènes linguistiques.

Certains linguistes (par exemple, les générativistes) pensent que le système linguistique forme un module distinct, en dehors des mécanismes cognitifs généraux. Mais le plus souvent, l'activité langagière est considérée comme l'un des modes de "cognition", qui constitue la partie émergée de l'iceberg, basée sur des capacités cognitives qui ne sont pas purement linguistiques, mais qui en constituent les conditions préalables. Ces capacités comprennent : la construction d'images et la conclusion logique qui en découle, l'acquisition de nouvelles connaissances à partir d'informations existantes, l'élaboration et la mise en œuvre de plans. V.Z. Demjankov a formulé le maximum suivant : "Évitez de parler de quelque chose qui contourne la cognition humaine" (Demjankov 1994).

Ainsi, en tant que science engagée dans l'étude de la linguistique cognitive et des aspects cognitifs des phénomènes lexicaux et grammaticaux, la science cognitive se concentre sur la connaissance linguistique dans la tête humaine et interagit avec la psychologie cognitive dans l'analyse de la mémoire verbale, du lexique interne, de la génération, de la perception, de la compréhension du discours, de la manière et de la forme des mots créés par les structures de connaissance humaines. L'analyse de la manière dont la base de connaissances de l'individu s'exprime par divers moyens linguistiques dans le discours et de l'impact sur la conscience et la compréhension du discours est du plus grand intérêt. En se concentrant sur les processus de génération et de cognition de la parole, la science cognitive s'intéresse au domaine dans lequel le processus de production de la parole est inextricablement lié aux processus se produisant dans notre mémoire. En outre, il est nécessaire de tenir compte de la "connaissance de base" qui, selon O.S. Akhmanova, représente "la connaissance mutuelle des réalités pour le locuteur et l'auditeur, qui est la base de la communication linguistique" (Akhmanova 1977). L'observation du comportement des unités linguistiques dans le processus de production de la parole et l'influence des facteurs cognitifs et pragmatiques sont le but de l'étude de l'approche fonctionnelle, qui est considérée comme une tentative d'analyse plus volumineuse des phénomènes linguistiques.

2.1. Bases théoriques de la description cognitive de la sémantique combinaisons phraséomatiques

La catégorie de base de la sémantique cognitive est un concept qui peut agir comme des entités mentales de volume différent et de but fonctionnel différent. Les concepts constituent la base d'information de l'image du monde, jouant un rôle primordial dans la formation du fonds de connaissances individuelles et la transmission de l'information. C'est à travers les concepts de *stéréotypes de la conscience que s'exerce l'*activité de la pensée humaine. Ce terme a commencé à être utilisé dans les travaux des linguistes russes relativement récemment, malgré le fait qu'en 1928 déjà, S.A. Askoldov-Alexeev, dans son article "Le concept et le mot", utilisait la désignation du *concept, le* définissant comme une formation mentale, qui nous remplace dans le processus de pensée d'un ensemble indéfini de sujets du même genre. S.A. Askoldov-Alexeev souligne l'hétérogénéité des fonctions de pensée du concept : le concept ne se substitue pas toujours aux sujets réels. Elle peut se substituer à certains aspects d'un objet ou à des actions réelles, comme le concept de "justice". Enfin, il peut être adjoint à diverses fonctions de pure réflexion. Il s'agit, par exemple, de concepts mathématiques. Le concept d'Askoldov-Alexeev lui-même défini comme un aperçu instantané et insaisissable de quelque chose dans la conscience, comme les bourgeons des inflorescences les plus complexes des spécificités de la pensée (Askoldov-Alexeev 1997). À l'origine, le terme "concept" était perçu comme synonyme du mot "concept". Dans le "Thesaurus de linguistique théorique et appliquée" de S.E. Nikitina, les synonymes "concept" et "signal" sont indiqués au terme "concept" ; à la désignation "champ conceptuel" correspond la combinaison de mots "champ conceptuel" (Nikitina 1987). E.M. Mednikova utilise le mot "concept" pour définir le système lexical, en lui donnant le même sens. Le vocabulaire n'est pas seulement un certain nombre de concepts exprimés par des unités correspondantes, de même que le mot n'est pas seulement une connexion d'un son avec un concept quelconque. Un mot est un tout unique (Mednikova 1974). Progressivement, les termes "concept" et "concept" ont commencé à se différencier. Aujourd'hui, il ne fait aucun doute que les mots mentionnés ne sont pas égaux. Comme l'explique Yu.S. Stepanov, un concept existe dans le monde mental humain non pas sous la forme de concepts clairs mais comme un *faisceau d'*idées, de concepts, de connaissances, d'associations, d'expériences, qui accompagne le mot (Stepanov 1998).

Une description détaillée de la structure et du contenu du concept est donnée dans le "Dictionnaire succinct des termes cognitifs" (Kubryakova 1998). Le "concept" est défini comme une unité opérationnelle substantielle de la mémoire, du lexique mental, du système conceptuel du langage et du cerveau (lingua mentalis), l'image globale du monde reflétée dans la psyché humaine. Il est souligné que le concept de "concept" correspond à l'idée de ces significations, qui sont opérées par un homme dans les processus de pensée et qui reflètent le contenu de l'expérience et de la connaissance, le contenu des résultats de toute l'activité humaine et des processus de connaissance du monde sous la forme de certains "quanta" de connaissances. Le concept est traité comme une essence cognitive de base, qui permet de relier le sens au mot utilisé (Richard 1998), comme une unité substantielle du processus de conceptualisation, au moyen duquel la réalité se réfracte dans la tête humaine.

L.M. Zainullina donne une description détaillée et complète de la structure du concept. L'auteur propose une typologie composite des concepts basée sur les classifications de J. Lakoff, J. Taylor, E.S. Kubryakova, A.P. Babouchkine, Z.D. Popova, I.A. Sternin, N.N. Boldyreva et comprend des concepts - notions, qui sont objectivées principalement par des unités lexicales de sémantique spécifique (blanc, rond, moineau, infirme, raton laveur) : un concept-concept représenté par un schéma spatio-graphique ou de contour généralisé ; un concept-concept constitué des caractéristiques les plus générales d'un objet ou d'un phénomène, résultat de leur réflexion et de leur compréhension rationnelles ; un cadre - un concept à plusieurs composantes concevable dans l'ensemble de ses composantes, une représentation volumétrique, un ensemble de connaissances standard sur un objet ou un phénomène (magasin, hôpital, restaurant) ; scénario (script) - une séquence de plusieurs épisodes dans le temps et l'espace comme une suite d'épisodes, d'étapes, d'éléments séparés (jeu, tournée, fréquentation de l'église) ; structures propositionnelles (propositions), dans lesquelles le prédicat et les arguments de base (agent, patient, bénéficiaire, instrument, etc.) sont sélectionnés.д.). Comme indiqué dans le document, les concepts sont divisés en stable et instable, verbalisé et caché, à un niveau, à plusieurs niveaux et segmentaire (Zainullina 2003).

Le concept détermine le potentiel sémantique d'une unité linguistique avant sa mise en œuvre dans la parole, en obtenant une représentation concise ou détaillée dans différents lexèmes. Un concept a une structure dynamique organisée logiquement, composée d'une source, d'un élément de base et d'éléments connexes, grâce à la valeur prototypique des éléments dérivés (Ryabtseva 1991). Le terme "concept" comprend un contenu tridimensionnel à plusieurs niveaux qui "transmet la connaissance de ce que signifient toutes ses relations et tous ses rapports". Le concept est précédé ontologiquement par la catégorisation, qui crée une image typique et forme un "prototype" (Telia 1996). Apparemment, il peut être reconstitué sur la base de données lexicographiques.

Le concept de "concept" fait référence aux "quanta" de la connaissance, qu'une personne opère dans le processus de réflexion, et comprend des informations sur le concept désigné dans toutes ses connexions et relations. Les concepts réduisent la variété des phénomènes observés et imaginés à quelque chose d'unifié, en les regroupant sous une seule rubrique ; ils permettent de conserver des connaissances sur le monde et s'avèrent être des éléments constitutifs du système conceptuel, facilitant le traitement de l'expérience subjective en la regroupant sous des catégories générales (Kubryakova 1998).

La multiplicité des concepts à différents niveaux, dans lesquels se manifeste la diversité et l'hétérogénéité des connaissances sur la vie réelle, est désormais évidente. Compte tenu du fait que les concepts ont un potentiel fonctionnel insuffisant, il est raisonnable de distinguer différents types d'entités mentales - concepts proprement dits (c'est-à-dire microconcepts), macroconcepts et superconcepts - lors de l'interprétation du matériel linguistique. Les concepts orientés vers la signification lexicale d'un lexème individuel ont un petit volume sémantique et remplissent une fonction d'identification. Ils servent à la description (portrait) des lexiques atomiques. Les concepts peuvent également être utilisés pour l'interprétation de blocs de lexèmes et de classes de mots d'un volume assez important. Dans ce cas, le langage met en œuvre des macroconcepts qui se manifestent comme une catégorie sémantique du plus haut degré d'abstraction et comprennent des valeurs privées de concrétisation de la sémantique générale. Les macroconcepts sont des entités à grande échelle dotées d'un énorme "pouvoir" de systématisation. Ils sont entourés d'un vaste domaine sémantique, qui nécessite un dictionnaire suffisamment important pour les décrire (Karasik 1999). Des macroconcepts tels que "vivre", "parler", "se déplacer", "travailler", "voir" et "entendre" sont utilisés pour identifier et systématiser de grandes catégories lexicales organisées hiérarchiquement qui peuvent être interprétées comme des sphères fonctionnelles-cognitives agissant comme objets de description dans le dictionnaire fonctionnel-cognitif (Kildibekova, Gafarova 1998, 2000, 2001, 2002, 2003). Le macroconcept peut faire l'objet de nombreux raffinements sémantiques et de diverses spécificités. Les transformations et déploiements conceptuels du concept initial sont fixés dans des blocs de lexèmes de volume différent, qui prédéterminent une structure à plusieurs niveaux de la sphère fonctionnelle et cognitive, qui est clairement présentée dans le dictionnaire fonctionnel et cognitif.

Термин «суперконцепт» ориентирован на функциональноLe potentiel communicatif de l'unité mentale globale se manifeste dans la macroframe volumétrique, qui consiste en une variété de constructions syntaxiques typiques exprimant différents types de situations liées au concept de base.

La source et le point de départ de toutes les transformations fonctionnelles et sémantiques est le concept de base. Les concepts de base sont des concepts essentiels qui doivent nécessairement être exprimés pour que la langue soit un moyen de communication satisfaisant (Sepir 1993). Tous les éléments du potentiel fonctionnel-associatif du concept de base sont verbalisés en unités nominatives, qui organisent un thésaurus entier de l'espace sémantique correspondant. La fonction génératrice du concept de base peut être comparée au rôle dominant dans le développement du paradigme lexical et sémantique. Plus le potentiel d'information du dominant est important, plus ses possibilités sont grandes. L'ensemble des concepts verbalisés crée la sphère conceptuelle du langage, qui apparaît comme un système très complexe formé par les intersections et l'entrelacement de structures nombreuses et diverses organisant les concepts en rangées, en chaînes, en champs avec le centre et la périphérie, et en arbres ramifiés avec des références croisées (Popova 1996).

Dans l'image conceptuelle du monde, les concepts occupent une place particulière, étant fondamentaux pour la cognition et la communication humaines. Z.D. Popova et I.A. Sternin soulignent à juste titre qu'un concept est une unité complexe de pensée, qui, dans le processus de réflexion, est tournée par différents côtés, actualisant ses différentes caractéristiques et couches (Popova, Sternin 2002).

La conceptuosphère de la langue nationale est d'autant plus riche que toute la culture de la nation est riche (Likhachev 1997). Cependant, la spécificité nationale et culturelle de la sphère conceptuelle est invisible de l'intérieur ; elle ne peut être révélée qu'au cours d'une analyse comparative.

Selon N.A. Krasavsky, toute conceptosphère est objectivée par diverses techniques de langage - types de nomination directe, secondaire et indirecte. Les nominations de mots (lexème) et de super mots (combinaisons de mots libres, phraséologismes) sont les plus instructives dans l'analyse linguico- cognitive de la sphère conceptuelle, car elles servent à générer, développer, recevoir et stocker des connaissances. L'état actuel et les perspectives de développement de la phraséologie sont liés aux orientations cognitives et linguistico-culturelles de la linguistique. Dans le cadre de ces orientations, les phraséologies sont considérées comme des signes de nature particulière liés aux capacités cognitives d'une personne en général et d'un individu en particulier, et aux intentions communicatives des locuteurs natifs (Krasavsky 2001). Il est particulièrement important de considérer les capacités fonctionnelles des unités phrasématiques comme des signes de la proposition d'inscription secondaire motivée, qui portent également des informations sur la façon particulière, nationale, de voir le monde de telle ou telle communauté linguistique et culturelle.

Chapitre II Organisation conceptuelle des significations des unités verbales-verbe-phraséologiques anglaisesphrases nominales dans un dictionnaire de langue anglaise

§ 1 Методика исследования функционально-когнитивного потенциала phrases verbales

le Целью данной работы является изучение и описание функционально-potentiel cognitif des combinaisons de mots phraséomatiques entre noms de verbes anglais, dont le corpus est composé d'un échantillon de vocabulaire continu provenant du Longman Dictionary of Contemporary English. Pour atteindre cet objectif, une analyse comparative des structures conceptuelles des combinaisons phraséomatiques anglaises sur trois lignes de caractérisation des actions qu'elles appellent est utilisée. Cela donne une image complète de leur potentiel fonctionnel et cognitif.

La méthode de reconstruction des concepts-corrélations est basée sur l'interprétation onomasiologique des définitions des combinaisons phraséomatiques selon lesquelles les unités verbales identifient un concept, et les autres mots et étiquettes identifient les attributs de ce concept. Les grands principes de l'interprétation onomasiologique des unités lexicales et phraséologiques ont été développés et énoncés par V.M. Kalimullina (Kalimullina 1985).

L'aspect onomasiologique des unités verbales peut être représenté comme un composé de trois types de caractérisation de l'action définie comme la base onomasiologique du verbe : caractérisation de référence, relative et descriptive (Calimullina 1982). La caractérisation de référence de l'action est comprise comme le reflet de la caractérisation de référence du verbe, c'est-à-dire l'indication d'une action concrète. La caractérisation relative de l'action est comprise comme le reflet des caractéristiques spatio-temporelles de l'action. La caractérisation descriptive signifie une réflexion sur les caractéristiques de l'action (méthode, instrument, etc.). On peut considérer que la caractérisation cumulative d'une action est elle-même le résultat de la réfraction d'un attribut catégorique du verbe "action/processus" sous trois aspects : l'attribut de référence, relatif et descriptif, tous les aspects de la caractérisation d'une action et reçoivent la base onomasiologique d'une unité verbale. Chaque aspect de la caractérisation de l'action d'une unité coréférentielle est analysé sur la base de deux paramètres : qualitatif et quantitatif.

Une analyse qualitative de la caractérisation de la référence indique la zone de référence du verbe. Les verbes-identifiants ont été distribués dans les domaines de référence suivants : 1) influence émotionnelle *(impressionner, plaire)* ; *2)* attitude émotionnelle et intellectuelle *(respecter, abhorrer, douter)* ; 3) comportement émotionnel et expression des sentiments (*s'agiter, s'exclamer*) ; 4) activité mentale (*penser, conclure*) ; 5) contact social (*remercier, exiger*) ; 6) actions physiques intentionnelles *(frotter, serrer}* ; *7)* changement d'état physique (changer, *améliorer)* ; 8) mouvement (se déplacer, faire un *pas}* ; 9) vue / vue (regarder, jeter un coup d'oeil, *regarder}* ; 10) existence, exister, s'*épanouir*).

L'analyse quantitative de la caractérisation de référence des verbes-indicateurs montre qu'ils peuvent avoir une caractérisation de référence simple (une action est appelée), par exemple : compromettre - mettre en danger ; et une caractérisation de référence complexe reflétant soit deux actions liées aux relations de conjonctive (*regarder - <u>donner de l'attention en voyant)</u>* soit deux actions liées aux relations de disjonctive (*aider - aider ou soutenir*).

Глаголы-идентификаторы могут отражать в относительной характеризации следующие признаки: статичность :: динамичность, отношение к субъекту /объекту действия, предельность :: непредельность, повторяемость :: неповторяемость, продолжительность во   de temps, de lieu d'action.
Ainsi, les verbes d'identité constituent l'opposition : statique : : dynamique *(vivre, être :
: saisir, se rendre)* ; subjectif : : субъектнообъектif *(respirer, décliner : : utiliser, stresser)*
; limite : : insaturé *(regarder, remarquer : : exister, travailler)* ; *verbes* qui peuvent appeler la répétition d'une action : : verbes qui ne peuvent pas appeler la répétition d'une action *(regarder, sourire)* :*(pour désespérer, pour mourir de faim)* ; *les verbes dont la base* reflète la durée dans le temps : : les verbes dont la base ne reflète pas la durée dans le temps (pour *regarder, pour suspendre : pour dormir, pour soulager*) ; les verbes dont la base marque le lieu de l'action : : les verbes dont la base ne marque pas le lieu de l'action (pour *témoigner : : pour espérer, pour observer*).

Les verbes identificateurs sont classés en deux groupes selon la présence/absence de caractérisation descriptive à leur base : les verbes sans caractérisation descriptive à leur base *(ressembler - regarder ou être semblable ; se disputer - avoir un argument)* et les verbes avec caractérisation descriptive à leur base *(fuir - s'échapper en se dépêchant - voie ; s'agiter - agir ou se comporter de manière nerveuse, agitée et anxieuse sur de petites questions - voie + objet + évaluation)*.

Les caractéristiques suivantes de la caractérisation descriptive de l'action peuvent être reflétées à la base des identificateurs verbaux : la causalité *(à l'âge - pour (faire) vieillir)* ; способ (pour regarder - *pour donner un coup d'œil rapide)* ; инструмент действия (pour *rire - pour exprimer l'amusement, le bonheur, l'irrespect négligent, etc. en faisant des sons explosifs avec la voix, généralement en souriant)* ; интенсивность (pour *boire - de consommer de l'alcool, en particulier trop)* ; оценка (se *tromper - se faire une fausse idée de)* ; субъектная отнесенность *(mourir - (de créatures et de plantes) pour arrêter de vivre...)* ; объектная отнесенность *(être fier de / sur - être satisfait et content de (soi-même) à propos de (qqch)* ; ситуативная отнесенность *(commencer - faire un mouvement rapide et incontrôlé, à partir d'une surprise soudaine)* и др.

§ 2 Potentiel fonctionnel et cognitif de l'anglais verbal-combinaisons de noms

Ce paragraphe décrit le potentiel fonctionnel et cognitif de la phraséologie des noms de verbes anglais. Le corps des combinaisons de mots phrasématiques était de plus de 2000 unités.

Comme cette étude porte sur les unités verbales, nous notons qu'il est nécessaire de prendre en compte la nature de la réfraction onomasiologique du verbe onomasiologique "action/processus" dans chaque cas afin d'établir les caractéristiques conceptuelles du verbe.

Dans les noms des verbes, une caractéristique multidimensionnelle de la situation se déploie : en plus de refléter l'action et la relation de l'action avec les objets de la réalité, il est possible de noter le développement de l'action dans le temps, d'indiquer la méthode, le lieu et l'instrument de l'action. En d'autres termes, la caractérisation d'une action peut être divisée en trois types de caractéristiques conceptuelles : de référence, relative et descriptive. Par signe conceptuel de référence, nous entendons la référence de référence du verbe, c'est-à-dire l'indication d'une action concrète. La caractéristique conceptuelle relative est comprise comme une caractéristique spatio-temporelle de l'action. Le signe conceptuel descriptif est compris comme le signe réel de l'action (méthode, instrument, etc.) (Kalimullina 1996).

On peut supposer que la caractérisation cumulative de l'action elle-même est le résultat de la réfraction du signe onomasiologique catégorique du verbe "action" dans trois aspects de la caractérisation : la référence, le relatif et le descriptif. La caractérisation cumulative de l'action est proposée pour être appelée la structure conceptuelle du verbe.

Comme la structure conceptuelle du verbe est un ensemble de références, les признаков именуемого действия, она отражает его функциональносаpacités cognitives conceptuelles relatives et descriptives.

Étudier la structure conceptuelle des combinaisons phraséomatiques du type étudié, l'un des facteurs les plus importants qui déterminent la stabilité au niveau de la sémantique des combinaisons : la complicité.

La comparaison des structures conceptuelles des combinaisons phraséomatiques montre que c'est le cas :
La complexité du plan grammatical reflète la superposition des éléments suivant

aux traits conceptuels relatifs :

dynamisme : : statique	*s'envoler **dans une fureur** (devenir rapidement très en colère) **: : briller de fierté** (avoir l'air très heureux parce qu'on*
lieu	*de **jeter qqn en prison** (pour mettre soudainement quelqu'un en prison)* ***pour prendre la commande de qqn** (écrire ce que veut un client dans un restaurant)*
action unique	***pour satisfaire une demande** (fournir ce que quelqu'un a demandé, ce dont il a besoin, etc.) **; pour rompre l'habitude** (cesser de faire des choses qui sont ennuyeuses ou*
отношение к sujet/objet actes	*de gâcher **votre courage** (pour essayer d'être assez courageux pour faire qqch. qui vous rend très nerveux)/ d'être **attentif** (pour prêter **attention à** qqch.)*
l'attitude envers son interlocuteur ou la cible de l'action	*pour **chanter les louanges de qqn** (pour faire l'**éloge de** quelqu'un) / pour **rendre hommage à** (pour dire combien on admire ou respecte quelqu'un ou qqch)*
répétabilité : : non-répétabilité	***jouer un rôle** (accomplir les actions, prononcer les mots, etc. **d'un personnage** particulier dans une pièce de théâtre, un film, etc.*
limite : : la limite	***pour réaliser votre potentiel (pour** réussir à faire le mieux possible) **: : pour montrer votre préférence** (pour traiter quelqu'un plus favorablement que vous ne le faites pour les autres)*
durée / temps	***pour passer le temps** (lorsque vous vous ennuyez ou*

	pour qqch.) *pour **presser la main/le bras de qqn** (pour tenir la main ou le bras de quelqu'un fermement pendant une courte période,*
sujet-objet	*pour **donner un** baiser à **qqn** (pour embrasser quelqu'un rapidement et légèrement) / **pour prendre possession de qqch.** (si vous prenez possession d'une maison, d'une voiture ou d'un objet de*
phase d'action	*de **mettre les voiles** (pour commencer un voyage en bateau ou en navire)* *pour **occuper un poste** (commencer à faire un travail important)*
phase d'action	*pour **protester votre innocence** (continuez à dire que vous êtes innocent)* *pour **garder l'esprit** (pour continuer à faire attention à qqch. même si c'est ennuyeux ou si vous voulez penser à qqch. d'autre)*
phase d'action (phase finale)	*de mourir de **faim** (de mourir par manque de nourriture) ;* *pour **calmer vos nerfs** (pour éviter que vos nerfs ne soient perturbés)*

La complicité du plan sémantique reflète la superposition de ces

à des traits conceptuels descriptifs comme :

intensité	*pour **atténuer la monotonie** (pour rendre qqch. moins ennuyeux et ennuyeux)* *pour **rendre hommage à** (pour dire combien vous admirez ou respectez quelqu'un ou*
causalité	*pour **donner vie à qqch.** (pour faire vivre qqch.) ;*
description quantitative	*établir **un parallèle entre** (pour montrer que deux choses sont similaires)* *de **tenir votre boisson** (si quelqu'un peut tenir sa boisson, il est capable de boire beaucoup d'alcool sans être ivre)*
objectif de	*pour **tester la patience de qqn** (pour faire perdre patience à quelqu'un)* *pour **obtenir un avantage** (pour obtenir ou essayer d'obtenir qqch. qui vous aidera contre vos adversaires)*
mode d'action	*de **s'envoler dans une rage** (devenir soudainement très en colère) ;* *pour **accélérer votre rythme** (pour marcher*

notation	***de perdre sa forme*** *(de devenir la mauvaise forme)* ***de commettre une infraction*** *(faire qqch. qui est une infraction)*
transmission des actions	***de transférer la responsabilité*** *(de rendre quelqu'un d'autre responsable de qqch., en particulier de qqch.)*
attribution situationnelle	*porter* ***un toast à qqn*** *(demander formellement à un groupe de personnes lors d'un événement social de se joindre à vous pour souhaiter à quelqu'un la réussite, le bonheur, etc. tout en levant un verre de vin et en buvant ensuite) ;* ***pour sauter une file d'****attente (pour se*
comparaison des	***de mettre l'accent sur*** *une qualité (considérer une qualité comme étant beaucoup plus importante que les autres)* ***de faire une réduction*** *(vendre qqch. à un prix plus bas)*
les références stylistiques	***pour présenter vos excuses/compliments etc.*** *((formel) utilisé pour saluer quelqu'un, s'excuser auprès de lui etc. très poliment) ;* ***de prononcer la sentence*** *((loi) si un juge prononce une sentence, il ou elle indique au tribunal le type de peine dont un criminel sera passible)*
objet-objet attribut de l'action	***prendre la température de qqn*** *(pour mesurer sa température) ;* ***présenter ses excuses/compliments etc*** *(utilisé pour saluer quelqu'un, s'excuser auprès de lui etc très poliment)*
cible	***de fixer des normes*** *(pour établir officiellement des règles, des normes, etc. pour faire qqch ;)* ***de prévoir*** *(de faire des plans pour les*

La compilation de caractères mixtes reflète la combinaison de

la stratification en termes de caractérisation relative et descriptive

des actions, par exemple :

phase d'action + orientation sujet-objet + méthode	***de choisir une querelle (avec qqn)****(pour déclencher délibérément une querelle)*
répétabilité + direction + lieu + références stylistiques	***de reprendre votre place*** *((formel) de retourner à la place où vous étiez avant)*
direction + lieu + style	*pour* ***écumer les pierres*** *((BrE) pour les*

attribution + méthode	*des pierres plates dans un lac, une rivière, etc. de manière à les faire sauter à la*
направление + stylistique attribution + méthode	***pour se*** *déplacer ou voyager lentement d'un endroit à l'autre*
attitude par rapport à l'objet de l'action + objectif + intensité + méthode + évaluation	*profiter de* ***qqn*** *(traiter quelqu'un injustement pour obtenir ce que vous voulez, surtout s'il est généreux ou facile à persuader)*

Volume de complication sur l'aspect relatif de la caractérisation de l'action,

notées dans la complicité des combinaisons peuvent être calculées comme 1-4 caractéristiques, mais elles donnent rarement une combinaison des 4 caractéristiques.

Combinaisons typiques de 1 à 3 traits :

1 caractéristique	lieu d'action	*pour vous* ***éclaircir la gorge*** *(pour faire un bruit dans votre gorge, notamment avant de parler, ou pour attirer l'attention de*
2 caractéristiques	направление actions+ dynamisme	***faire de la place*** *(se déplacer sur un côté pour que quelqu'un ou qqch. puisse*
3 caractéristiques	répétabilité + direction + localisation	***de reprendre votre place*** *((formel) de retourner à la place où vous étiez avant)*

Le volume d'une complication sur la ligne de caractérisation descriptive peut

sont numérotés de 1 à 4 signes :

1 caractéristique	les références stylistiques	***de préférer les accusations*** *((loi) de faire une déclaration officielle que quelqu'un a fait qqch d'illégal)*
2 caractéristiques	causalité + situationnel référence	*mettre* ***qqch. en évidence*** *(placer qqch. dans une position où il est facile de le remarquer parce que vous*
3 caractéristiques	affectation des objets + méthode + objectif	*pour* ***presser la main de qqn*** *(pour serrer la main de quelqu'un pendant un court instant, pour lui témoigner de*
4 caractéristiques	attribution stylistique + méthode + intensité + sujet-objet	***pour présenter vos excuses*** *((formel) utilisé pour saluer quelqu'un, s'excuser auprès*
	référence	*les etc. très poliment)*

Volume de la complication des aspects relatifs et descriptifs de la caractérisation de

l'action se reflétant dans la complicité de la combinaison

de nature mixte, peut être estimée à 2-4 caractéristiques :

2 caractéristiques	attribut de l'objet + intensité	*pour chanter sb'spraise(s) (pour faire l'éloge de quelqu'un)*
3 caractéristiques	phase d'action + références stylistiques + références situationnelles	*pour perdre le tirage au sort ((en particulier BrE) de perdre le droit de faire un choix au début d'un jeu ou d'une course, en fonction du résultat d'un tirage au sort)*
4 caractéristiques	attitude envers l'objet + cible + intensité + méthode	*profiter de **smb** (traiter quelqu'un injustement pour obtenir ce que vous voulez, en particulier quelqu'un de généreux ou de facile à*

L'analyse du volume de complication dans la sémantique des combinaisons permet d'établir le degré de complication des combinaisons, il peut être :

Élevé : la complicité comporte un volume de 3 éléments de complication ou plus : ***pour prononcer la sentence ((loi) si un juge prononce la sentence, il dit au tribunal quel type de peine un criminel aura*** (attribution stylistique + attribution d'objet + attribution situationnelle) ;

faible : la compliabilité a un volume de 1 à 2 éléments de complication : ***sentir le pouls de sb** (compter combien de fois le cœur de quelqu'un bat en une minute, généralement en sentant son poignet* (attribution situationnelle + méthode) ;

zéro : la combinaison n'a pas de conformité : ***pour effectuer un achat** (pour acheter qqch.).*

Le deuxième facteur à étudier pour déterminer la spécificité de la structure conceptuelle des combinaisons phrasématiques est la répartition des rôles entre les mots-composants dans sa formation.

Cela peut être fait en utilisant la méthode d'application phrasématique : la comparaison des définitions des combinaisons phrasématiques avec les définitions des valeurs directes de ses composants, en combinaison avec l'interprétation onomasiologique de leur sémantique, permet de déterminer lequel des composants des combinaisons phrasématiques joue un rôle prépondérant dans la formation de son potentiel nominal, y compris les caractéristiques de référence, relatives et descriptives.

À la suite de cette analyse, les combinaisons phraséomatiques ont été divisées en trois groupes selon le rôle des composants dans la formation de leur potentiel nominal. La caractérisation de référence est ici représentée par un nom. Dans ces combinaisons, les noms utilisés sont verbaux. La caractérisation relative est représentée par la composante verbale, puisqu'elle est le noyau grammatical de la combinaison. La caractérisation descriptive est généralement représentée par un nom puisqu'il s'agit du noyau sémantique de la combinaison.

Par exemple :

Combinaisons phrasématiques et leurs définitions	Le verbe et sa définition	Le nom et sa définition	Rôle des composants dans la caractérisation		
			référent	relatif	descriptif
faire preuve de tolérance (laisser une personne se comporter d'une manière que vous n'approuveriez pas normalement, parce que vous savez qu'il y a des raisons	*faire - faire qqch.*	*l'allocation - the way of behaviour which is not approuvé, mais il y a des raisons particulières à cela*	*N*	*V*	*N*
ajouter de la variété (pour rendre qqch. plus intéressant)	*ajoutez - d'augmenter la quantité de qqch. en y ajoutant qqch.*	*la variété - les différences au sein d'un groupe, d'un ensemble d'actions, etc. qui le rendent intéressant*	*N*	*V*	*N*
profiter (utiliser une situation particulière pour faire ou obtenir ce que vous voulez)	*prendre - accepter qqch.*	*-avantage - une situation particulière dans laquelle vous pouvez faire ou obtenir ce*	*N*	*V*	*N*

Ce groupe comprend 27 % des phrases phraséologiques, représenté à la LDCE.

Le deuxième groupe comprend les combinaisons phrasématiques où le rôle principal dans la caractérisation de référence appartient à la composante verbale.

La caractérisation relative est généralement représentée par la composante verbale, tandis que la caractérisation descriptive peut être représentée à la fois par un nom et un verbe :

Combinaisons phrasématiques et leurs définitions	Le verbe et sa définition	Le nom et sa définition	Rôle des composants dans la caractérisation		
			référent	relatif	descriptif
*faire **prêter serment à qqn pour le secret** (faire promettre à quelqu'un de ne dire à personne ce que vous lui avez dit)*	***jurer** - to faire quelqu'un promesse*	***le secret** - le processus de garder qqch. secret, ou l'état de secret*	V	V	N
***réaliser une prédiction** (se produire d'une manière dont*	***rencontre** - à venir*	***Prévision** - ce que vous dites va se produire*	V	V	N
***perdre la tête** (devenir fou ou malade mental)*	***perdre** - devenir*	***l'esprit** - fou/malade mental*	V	V	N
***pour sauver la vie de qqn** (to someone à partir de mourir)*	***sauver** - to save sb's life (à empêcher quelqu'un de mourir)*	*la **vie** - vivante, pas morte*	V	V	V

La composante verbale peut être utilisée pour former les trois types de caractéristiques : de référence, relatives et descriptives. Ce groupe représente 54% du nombre total de combinaisons présentées dans le LDCE.

Le troisième groupe est représenté par des combinaisons phraséomatiques, où les deux composantes jouent un rôle à peu près égal dans la caractérisation de référence. La caractérisation relative dans les combinaisons de mots phrasématiques de ce groupe est généralement représentée par un verbe, et la caractérisation descriptive peut être représentée par les deux composantes :

Combinaisons phrasématiques et leurs définitions	Le verbe et sa définition	Le nom et sa définition	Rôle des composants dans la caractérisation		
			référent	relatif	descriptif
***changer d'allégeance** (pour commencer à soutenir une autre personne, un autre groupe, etc.)*	***interrupteur** - to change from un thing à Un autre,*	***allégeance** - loyauté envers un dirigeant ; pays, croyance, etc.*	V+N	V	V

	à l'improviste				
***baissez la voix** (pour la rendre plus silencieuse)*	***plus bas -** de réduire la quantité, le degré, la force, etc. de qqch. ou de devenir moins*	*voix - le son que vous faites quand vous parlez*	*V+N*	*V*	*V*
*s'envoler **dans une fureur** (se mettre rapidement en colère)*	***voler dans -** pour devenir soudainement*	*la **fureur** - un sentiment de colère extrême*	*V+N*	*V*	*N*
***lancer un appel** (pour faire une demande publique sérieuse de qqch.)*	***lancement -** to start sth, esp. un official, public ou military activity that has était prévu*	*appel - une demande urgente de qqch. important comme de l'argent ou de l'aide, notamment pour aider quelqu'un en mauvaise situation*	*V+N*	*V*	*N*

Ce groupe représentait 19% du nombre total de noms de verbes.

de phrases phraséologiques présentées à la LDCE.

En conséquence, on peut affirmer que les combinaisons phraséomatiques verbes-noms sont hétérogènes. Du point de vue de la structure, les deux composantes des combinaisons présentées dans un dictionnaire monolingue explicatif jouent des rôles approximativement égaux dans la formation du potentiel nominal de ces unités.

La méthode de reconstruction des concepts-corrélations est basée sur l'interprétation onomasiologique des définitions des combinaisons phraséomatiques selon lesquelles les unités verbales identifient le concept, et les autres mots et étiquettes identifient les attributs de ce concept.

L'analyse des potentiels fonctionnels-cognitifs des combinaisons phraséomatiques a montré que le long de la ligne de caractérisation de référence, ils peuvent refléter l'action ou l'état. Par exemple : ***pour présenter des excuses** (action), **pour répondre à une description** (état).* Une caractérisation de référence peut être simple ou complexe. La caractérisation de référence simple reflète une action ou un état : monter un ***camp** (pour **installer un** camp pour une courte durée)* - une action (D) ; ***se mettre en retrait** (pour être en queue de file ou dans une course)* - un état (C). La caractérisation de référence complexe reflète deux ou plusieurs actions dans la relation conjonctive/dysjonctive. Par exemple : ***prendre un rendez-vous*** - *organiser ou décider d'un moment ou d'un lieu pour qu'il se passe quelque chose (D::D)* ; ***pratiquer une religion - participer aux*** *cérémonies et obéir aux règles d'une religion (D + + D)* ; ***exercer un pouvoir*** - *avoir beaucoup de pouvoir et être prêt à l'utiliser (C + + C).*

Концепты-корреляты   combinaisons phraséomatiques autorisées pour les répartir dans différents domaines de la sphère conceptuelle :

Эмоциональное <u>поведение</u> : avoir ***pitié*** *(avoir pitié de quelqu'un et faire quelque chose pour l'aider)* ; ***enfler de fierté (se*** *sentir très fier)* ; s'envoler ***dans une fureur (se mettre*** *rapidement très en colère)* ;

Умственная <u>деятельность</u> : ***abandonner l'espoir*** *(décider de ne plus croire en une idée particulière)* ; ***dessiner une morale*** *(comprendre ce qu'une histoire ou un événement vous apprend)* ; *passer à côté de* ***qqch** ;*

Речевая <u>деятельность</u> : ***pour prendre congé de quelqu'un*** *(pour dire au revoir à quelqu'un)* ; *pour s'en* ***tenir aux faits (pour ne** parler que de ce dont vous êtes censé parler ou de ce qui est certain)* ; ***pour exprimer vos griefs*** *(pour parler à d'autres personnes de choses que vous pensez être injustes)* ;

Физическая <u>деятельность</u> : ***pour étouffer un bâillement*** *(pour essayer d'arrêter de bâiller)* ; *pour* ***étancher sa soif (pour** boire afin de ne plus avoir soif)* ; ***pour relâcher sa prise*** *(pour tenir quelque chose de moins serré)* ;

Социальный <u>контакт</u> : ***pour satisfaire une demande*** *(fournir ce que quelqu'un a demandé, ce dont il a besoin, etc.)* ; *pour* ***donner une raclée** (battre quelqu'un ou être violemment battu en guise de punition)* ; *pour* ***venir à la rescousse*** *(aider une personne en danger ou en difficulté)* ;

Изменение <u>состояния</u> : ***pour faire sonner les changements*** *(pour modifier qqch., non pas parce qu'il faut le changer, mais simplement pour le rendre plus intéressant, plus attrayant)* ; *pour* ***perdre sa forme** (devenir la mauvaise forme)* ; ***pour arriver à/gagner en** importance (pour devenir important et connu)* ;

Виды <u>существования и жизнедеятельности</u> : mourir de ***faim*** *(mourir par manque de nourriture)* ; ***reprendre conscience (se réveiller** après avoir été inconscient)* ; ***uriner/tabouret/sang** (envoyer qqch. comme déchet ou dans les déchets de la vessie ou des intestins)* ;

Целенаправленные <u>физические действия</u> : ***pour faire tourner une toile*** *(pour faire une toile)* ; *pour **répondre à la porte (pour** ouvrir la porte pour voir qui est là)* ; ***pour mettre qqch/sb hors service** (si quelque chose ou quelqu'un est hors service, il est cassé ou blessé, de sorte qu'il ne peut pas bouger ou travailler)* ;

Движение : ***pour gagner*** *ou **perdre de la hauteur** (si un avion gagne ou perd de la hauteur, il se déplace plus haut dans le ciel ou il tombe plus bas dans le ciel) ; pour se frayer **un chemin (pour se** déplacer ou voyager lentement d'un endroit à un autre) ; **pour battre en retraite (pour** s'éloigner rapidement)* ;

<u>Зрение /обозрение</u> : ***pour apercevoir*** *(voir ou remarquer soudainement qqch) ; pour **perdre de vue (ne plus** pouvoir voir quelqu'un ou qqch) ; pour **voler un regard** (regarder quelqu'un ou qqch rapidement et secrètement).*

Certaines combinaisons de mots phraséologiques peuvent être attribuées simultanément à deux ou plusieurs domaines de la sphère conceptuelle. Par exemple : ***donner une opinion*** *(dire ce que l'on pense) - parole et activité mentale ;* ***donner une raison*** *(expliquer) - parole et activité mentale ;* ***chanter les louanges de smb*** *(louer quelqu'un) - contact social, activité de parole, comportement émotionnel.*

La caractérisation relative est représentée par les caractéristiques suivantes : <u>Staticité/dynamique</u> : ***pour*** *correspondre à la description / pour monter **un camp (pour installer un** camp pour une courte période de temps)* ;

<u>Предельность/непредельность</u> : *pour porter un **jugement** (donner son avis ou faire une critique) ; pour **établir un record** (atteindre un nouveau record)/ pour **pratiquer une religion** (participer à des cérémonies et obéir aux règles d'une religion) ; pour prendre de la **température** (avoir une température plus élevée que la normale).*

<u>Фаза действия (начальная/продолжающая/завершающая)</u> : ***pour s'installer*** *((formel) pour commencer à vivre dans un endroit)/ pour suivre un **cours (pour** continuer à avancer dans une direction particulière)/ pour **rompre avec la tradition (pour** arrêter de faire quelque chose de la manière dont cela a toujours été fait)* ;

Место <u>действия</u> : ***mettre en mer*** *(pour commencer un voyage sur la mer) ;* ***signifier une citation (pour** envoyer officiellement ou donner à quelqu'un un ordre écrit de comparaître devant un tribunal) ; **montrer le chemin** (pour marcher devant un groupe de personnes)* ;

Направление : **pour battre en retraite** (s'éloigner rapidement) ; pour **maintenir un cap** (continuer à se déplacer dans une direction particulière) ; pour se frayer **un chemin** ((esp. lit) pour se déplacer ou voyager lentement d'un endroit à un autre) ;

Продолжительность <u>во времени</u> : pour monter **un camp** (pour installer un camp pour une courte période) ; pour se mettre en **appétit (pour se mettre en appétit** surtout en faisant de l'exercice physique ou en attendant longtemps avant de manger ou de boire) ; **pour attendre sa chance (pour faire qqch)** (pour attendre d'avoir les meilleures conditions pour réussir à faire qqch). <u>Субъектно-объектная направленность</u> : **faire la connaissance de qqn** ((formel) pour rencontrer quelqu'un pour la première fois) ; **piétiner qqn à mort** (tuer quelqu'un en lui marchant dessus) ; **jeter qqn dans la confusion** (rendre soudain un groupe de personnes très confuses et incertaines de ce qu'elles doivent faire) ;

<u>Повторяемость/неповторяемость</u> : pour renouer **une amitié (pour** recommencer une relation) ; pour **rétablir la confiance (pour redonner** confiance à une personne ou un groupe) / pour **déclarer la guerre (à qqn)** (pour annoncer publiquement et officiellement que vous allez faire la guerre) ; pour donner **l'alerte** (pour avertir les gens du danger).

La description descriptive est présentée par l'ensemble des caractéristiques suivantes :

Цель : **pour comparaître** (être présent dans un tribunal pour un procès dans lequel vous êtes impliqué) ; pour profiter de **quelque chose** (utiliser une situation particulière pour faire ou obtenir ce que vous voulez) ; pour faire du trafic de **drogue (faire** entrer illégalement de la drogue dans un pays afin de la vendre) ;

Способ : **pour remettre votre démission** (dire officiellement que vous allez quitter votre emploi) ; pour vous frayer un **chemin (se** déplacer ou voyager lentement d'un endroit à un autre) ; pour faire du trafic d'**armes (faire** entrer illégalement des armes dans un pays pour les vendre) ;

Степень : **pour baisser la voix (pour la** rendre plus silencieuse) ; pour **prendre de la hauteur** (pour se déplacer plus haut dans le ciel) ; pour **assouplir les règles/contrôles/réglementations, etc ;**

Оценка : faire l'**idiot** (se comporter de manière stupide et ennuyeuse) ; faire **tourner la tête de quelqu'un** (être attirant de manière romantique ou sexuelle pour une personne *en particulier) ; **perdre sa forme** (devenir la mauvaise forme) ;*

*Каузация : **pour admettre sa défaite** (arrêter d'essayer de faire quelque chose parce qu'on se rend compte qu'on ne peut pas réussir) ; pour **abandonner un navire** (quitter un navire parce qu'il coule) ; pour se **frapper les lèvres** (faire un petit bruit fort avec les lèvres parce qu'on a faim) ;*

*Субъектно-объектная отнесенность : pour faire tinter **quelqu'un (pour** appeler quelqu'un au téléphone) ; pour lui tordre le **cou (pour** tuer qqch comme un poulet, en lui tordant le cou) ; **pour chatouiller qqn (pour** frotter légèrement quelqu'un avec les doigts afin de le faire rire) ;*

*Ситуативная отнесенность : pour **venir à la rescousse** (pour aider une personne en danger ou en difficulté) ; pour **accepter les excuses d'une personne (pour** dire que vous n'êtes plus en colère contre quelqu'un après qu'il a dit qu'il était désolé pour quelque chose qu'il a fait, lui pardonner, après qu'il s'est excusé) ; **pour voler un baiser** (pour embrasser quelqu'un rapidement quand vous ne vous y attendez pas).*

*Стилистическая отнесенность : **verser des larmes** ((esp.lit.) pleurer) ; frotter **quelque chose** ((esp.BrE) nettoyer quelque chose en le frottant fort) ; **soutenir une défaite** ((formelle) être vaincu ou perdre beaucoup de soldats, d'argent etc).*

*Интенсивность : pour jeter **un coup d'œil furtif** (pour regarder qqch. rapidement et secrètement, en particulier qqch. que vous n'êtes pas censé voir) ; pour **réduire qqn aux larmes (pour** faire pleurer quelqu'un, en particulier en étant méchant avec lui) ; pour jeter qqn **dans la confusion** (pour rendre soudain un groupe de personnes très confuses et incertaines de ce qu'elles doivent faire) ;*

*Намеренность : **pour** faire **avancer vos intérêts (faire** quelque chose qui vous aidera à **obtenir l'**avantage de la réussite) ; pour obtenir un **avantage** (obtenir ou essayer d'obtenir quelque chose qui vous aidera contre vos adversaires) ; pour **signifier un méfait (avoir l'**intention de causer des ennuis) ;*

*Переадресация действия : **jurer à qqn de garder le secret/silence** (faire promettre à quelqu'un de ne dire à personne ce que vous lui avez dit) ; **accepter la responsabilité** (accepter que vous êtes responsable de quelque chose de mal qui s'est passé) ; rejeter la **faute sur** quelqu'un (rejeter la faute sur quelqu'un, souvent injustement).*

Conclusion

L'analyse comparative des potentiels fonctionnels-cognitifs des combinaisons phraséomatiques a montré que le long de la ligne de caractérisation de référence, ils peuvent refléter l'action ou l'état. Par exemple : *pour présenter des excuses* (action), pour répondre à une description (état). Une caractérisation de référence peut être simple ou complexe. La caractérisation de référence simple reflète une action ou un état : monter un camp (pour installer un camp pour une courte durée) - une action (D) ; se mettre en retrait (pour être en queue de file ou dans une course) - un état (C). Une caractérisation de référence complexe reflète deux ou plusieurs actions dans la relation conjonctive/disjonctive. Par exemple : prendre un rendez-vous - organiser ou décider d'un moment ou d'un lieu pour qu'il se passe quelque chose (D::D) ; pratiquer une religion - participer aux cérémonies et obéir aux règles d'une religion ; exercer un pouvoir - avoir beaucoup de pouvoir et être prêt à l'utiliser (C++C).

Концепты-корреляты   combinaisons phraséomatiques autorisées
pour les répartir dans différents domaines de la sphère conceptuelle :

Эмоциональное **поведение** : avoir pitié (avoir pitié de quelqu'un et faire quelque chose pour l'aider) ; se gonfler de fierté (se sentir très fier) ; rejeter la faute sur quelqu'un (blâmer quelqu'un pour quelque chose qui s'est passé) ;

Умственная **деятельность** : abandonner l'espoir (décider que l'on ne croit plus en une idée particulière) ; se risquer à une opinion (dire ce que l'on pense) ; passer à côté de qqch (décider de ne pas faire quelque chose) ;

Речевая **деятельность** : pour prendre congé de quelqu'un (pour dire au revoir à quelqu'un) ; pour s'en tenir aux faits (pour ne parler que de ce dont vous êtes censé parler ou de ce qui est certain) ; pour exprimer vos griefs (pour parler à d'autres personnes de choses que vous pensez être injustes) ;

Физическая **деятельность** : pour étouffer un bâillement (pour essayer d'arrêter de bâiller) ; pour étancher sa soif (pour boire afin de ne plus avoir soif) ; pour relâcher sa prise (pour tenir quelque chose de moins serré) ;

Социальный **контакт** : pour satisfaire une demande (fournir ce que quelqu'un a demandé, ce dont il a besoin, etc.) ; pour donner une raclée (battre quelqu'un ou être violemment battu en guise de punition) ; pour venir à la rescousse (aider une personne en danger ou en difficulté).

Certaines combinaisons phrasématiques peuvent être attribuées simultanément à deux ou plusieurs domaines de la sphère conceptuelle.

Par exemple :

donner une opinion (dire ce que l'on pense) - parole et activité mentale ; donner une raison (expliquer) - parole et activité mentale ; chanter les louanges de quelqu'un (faire des louanges à quelqu'un) - contact social, activité de parole, comportement émotionnel.

La caractérisation relative peut être représentée par les attributs suivants :

Статичность : pour répondre à la description (pour correspondre à la description) / pour monter un camp (pour monter un camp pour une courte période de temps)/

Предельность/непредельность : pour porter un jugement (donner son avis ou faire une critique) / pour pratiquer une religion (participer à des cérémonies et obéir aux règles d'une religion) ;

Phase d'action (début/fin) :

pour s'installer ((formel) pour commencer à vivre dans un endroit) / pour rompre avec la tradition (pour arrêter de faire quelque chose de la manière dont cela a toujours été fait) ;

Lieu : pour mettre en mer (pour commencer un voyage sur la mer) ;

Direction : battre en retraite (s'éloigner rapidement) ;

Durée dans le temps : pour installer un camp (pour installer un camp pour une courte période).

La caractérisation descriptive peut être représentée par l'ensemble des caractéristiques suivantes :

Цель : pour comparaître (être présent dans un tribunal pour un procès dans lequel vous êtes impliqué) ;

Способ : pour rendre votre démission (dire officiellement que vous allez quitter votre emploi) ;

Степень : pour baisser la voix (pour la rendre plus silencieuse) ;

Оценка : pour faire tourner la tête de quelqu'un (pour être attirant de manière romantique ou sexuelle envers une personne en particulier) ;

Причина : pour abandonner un navire (quitter un navire parce qu'il est en train de couler) ;

Relation sujet-objet : pour donner un petit coup de fil à quelqu'un (pour appeler quelqu'un au téléphone) ;

Situation : venir à la rescousse (pour aider une personne en danger ou en difficulté) ;

Références stylistiques : verser des larmes ((surtout littéraires) pleurer).

L'analyse montre que la structure conceptuelle des combinaisons phrasématiques des noms de verbes anglais est très diverse : les trois types de caractéristiques conceptuelles participent à la formation de la structure des combinaisons phrasématiques des noms de verbes anglais. Dans la majorité des combinaisons, la caractérisation de référence est représentée par une ou deux actions, ce qui semble naturel lorsqu'on considère les phraséologismes verbologiques.

La caractérisation relative est plus souvent représentée par des signes de statique/dynamique, limite/unité, relation avec le sujet/objet de l'action/état, moins souvent ce type de caractérisation est représenté par des signes de durée dans le temps, lieu de l'action, direction de l'action, phase de l'action.

Dans la plupart des expressions, la caractérisation descriptive se reflète assez mal, le plus souvent elle est représentée par des signes du mode d'action, de la cause ou du but.

Ainsi, nous pouvons conclure que la caractérisation de référence dans les combinaisons de mots de ce type est présentée de manière assez brillante, ce que l'on ne peut pas dire des types de caractérisation relatifs et descriptifs. Cela peut suggérer que pour la formation d'une organisation conceptuelle, la caractérisation de référence est la principale, tandis que la caractérisation relative et descriptive n'est que secondaire dans la formation du sens des combinaisons phraséomatiques.

Littérature

1. Alekhina A.I. Unité et mot frazéologiques : Pour étudier le système phraséologique. - Minsk : Maison d'édition Lénine BSU, 1979.

2. Amosova N.N. Basics of English phraseology, -L. ; Maison d'édition LSU, 1963.- 206s.

3. Amosova N.N. Frames as a type of English phraseological units -M.-L., 1964.p.139.

4.

   ...nom" en anglais moderne : Candidate of Sciences. - M.:1956.

5. Arnold I.V. Lexicology of Modern English (en anglais), L.M. : Enlightenment, 1966.

6. Arnold I.V. Structure sémantique d'un mot en anglais moderne et méthodes de sa recherche. - L. : Lumières, 1966.

7. Arnold I.V. L'équivalence en tant que concept linguistique. - Les langues étrangères à l'école, 1976. №1.

8. V.L. Arkhangelsky, phrases stables en langue russe moderne. - Rostov-sur-le-Don, 1964.

9. Askoldov-Alekseev, S.A. Concept et mot (en russe) // Littérature russe : Anthologie (en russe) / Sous-édition de V.P. Neroznaka. - Moscou : Academia, 1997.

10. Ахманова О.С. Гюббенет И.В.   "Contexte vertical" comme un problème philologique. Les problèmes de la linguistique, 1977, n° 3.

11. A.P. Babouchkine Types de concepts dans le système lexico-phrasé de la langue russe. - Voronezh : Maison d'édition Voronezh Un-ta, 1996.

12. Babouchkine A.P. Types conceptuels de sens d'un mot // Recherche contrastive du lexique et de la phraséologie de la langue russe : Articles collectés - Voronej : Voronej Unta, 1996.

13. Babouchkine, A.P. Concepts phraséologiques (en russe) // Linguistique cognitive : articles recueillis. - Tambov, 1998.

14. Bally S. Stylistique française. - Moscou : Maison d'édition étrangère, 1961.

15. Batyrova, A.F. Functional and cognitive potential of the English verb-name phraseomatic combinations / Collection de travaux scientifiques "Communicative and functional language description". Deuxième partie. Ufa, BashSU, 2004.

16. Batyrova A.F. Potentiel fonctionnel et cognitif des combinaisons de mots phrasématiques des noms verbaux anglais et russes et leur déploiement dans le texte. Autoref. dis. ... Cand. phil. des sciences. Volgograd, 2005.

17. Batyrova A.F. Signification fonctionnelle et cognitive des expressions phraséologiques des noms de verbes anglais et russes. Ufa, BashSU, 2006.

18. Batyrova G.Z. Signification fonctionnelle-sémantique des unités phraséologiques des verbes anglais et russes. Cand. phil. sciences. Ufa, 1999.

19. Belyaevskaya E.G. Sur certains aspects de la stabilité des combinaisons phrasématiques. M.Torez, poste 131.-M., 1978. p.16-34.

20. Bitokova S.H. Composition des combinaisons de type pour donner un aspect et une spécificité de leur fonctionnement. AKD. - M., 1982.

21. Bitokova S.H. Corrélation nominative des mots à verbe stable et des verbes à un seul mot// Mot dans la langue et la parole. - Nalchik, 1982. - C.17

22. Boldyrev, N.N. Espace conceptuel de la linguistique cognitive. №1 2004 г.

23. V.V. Vinogradov. A propos des types de base des unités phraséologiques en russe (en russe) // Académicien A.A. Chessman (1864-1920) : [Recueil d'articles] / Sous-édition de S.P. Obnorskiy. - M.-L., 1947.

24. V.V. Vinogradov. Œuvres sélectionnées. Moscou : Science, 1977. - 312 c.

25. Gavrin S.G. Phraséologie de la langue russe moderne : /In the aspect of the theory of reflection/.-Perm, 1974.-269c.

26. Gafarova G.V., Kildibekova T.A. Cognitive aspects of language lexical system. - Ufa : BashSU, 1998.

27. Gafarova G.V., Kildibekova T.A. Bases théoriques et principes de la compilation du dictionnaire fonctionnel-cognitif. - Ufa : BashSU, 2003.

28. R.O. Ginzburg, S.S. Hidekel, G.Yu. Knyazeva, A.A. Sankin Le cours de lexicologie de l'anglais moderne. École supérieure, 1966. - 276c.

29. Dashevskaya V.L. Frazeomatic complexes et problème de compatibilité. - Coll. d'articles scientifiques de V.L. Dashevskaya. M. Toreza, vol. 145, 1979.

30. Dashevskaya V.L. Transformations occasionnelles de complexes phraséomatiques verbaux. - Coll. d'articles scientifiques de V.L. Dashevskaia V.L. Okkazional transformation of verbous phraseomatic complexes. M. Toreza, vol. 168, Moscou : 1980.

31. Демьянков В.З.   La linguistique cognitive en tant que variété интерпретирующего подхода // Вопросы языкознания. - 1994, №4 - с. 1733.

32. Demjankov V.Z., Kubryakova E.S. Cognitive linguistics // Brief dictionary of cognitive terms / Kubryakova E.S., Demjankov V.Z., Pankratz Y.G., Luzina L.G. - M. : Philological f-t of Lomonosov Moscow State University, 1996. - CCP, p. 53-55.

33. Yefimov A.I. Stylistics of Art Speech.

34. Joukov V.P. Corrélation d'une unité phraséologique et de ses composants avec des mots d'usage libre. - NDVSh, Sciences philologiques, 1962, №3.

35. Zhukov V.P. A propos de l'incommensurabilité des composantes de la phraséologie avec un mot. - La langue russe à l'école, 1969, ¹3.

36. Zhukov V.P. Système lexico-sémantique dans sa relation avec la phraséologie. - Les questions de description du système lexico-sémantique de la langue : Résumés de conf. scientifiques -M. : 1971.

37. Joukov, V.P. Sémantique des tournures phraséologiques-M. : Prosv. 1978.

38. Zainullina L.M. Recherche linguistique et cognitive du vocabulaire objectif sur le matériel des langues anglaise, russe, bachkir, française et allemande. - RIO BashSU, Ufa : 2003.

39. Zvegintsev V.A. Sémacologie. - M., 1957.

40. Kalimullina V.M. Paradigme lexico-phrasomatique nominatif en anglais. - Coll. d'articles scientifiques de V.M. Kalimullin. M. Toreza, vol. 171, Moscou : 1981.

41. Kalimullina V.M. Description du système du paradigme lexico-phrasomatique. Déposé à l'INION EN URSS. - Bulletin "Nouvelle littérature soviétique sur les sciences sociales. Linguistique". - №12, M. : 1981.

42. Kalimullina V.M. Corrélation nominative de combinaisons de mots phraséomatiques et d'identificateurs de verbes. - Dis. ... ...cand. phil. des sciences. - M. : 1982.

43. Kalimullina V.M. Multilevel paradigms in verb lexicon : Textbook. - Ufa, édition de l'Université de Bachkir, 1985 - 80 p.

44. Kalimullina V.M. Le rôle des unités lexicales et phraséologiques des verbes dans la réalisation des fonctions langagières dans le texte. Autoref. dis. du Dr Phil. Krasnodar, 1996.

45. Kalimullina V.M., Batyrova A.F. Complication as a Semantic Base for Description of Onomaseology of Phraseomatic Words / Collection de travaux scientifiques "Communicative and Functional Description of Language". Ufa, BashSU, 2003.

46. Kalimullina V.M., Batyrova A.F. The role of English phraseomatic combinations in the development of the concept-correlate their synonymes / Collection d'articles scientifiques "Communicative and functional description of language". Ufa, BashSU, 2004.

47. Kalimullina, V.M. ; Nuriakhmetova, Yu.M. Nominative potential of the English verb-name phraseomatic combinations / Collection de travaux scientifiques "Communicative and functional description of language". Ufa, BashSU, 2004.

48. Karasik, V.I. Discours religieux (en russe) // Personnalité linguistique : problèmes de linguoculturologie et de sémantique fonctionnelle. - Volgograd : Le changement. - 1999.

49. Krasavsky N.A. Concepts émotionnels dans les linguocultures allemande et russe. - Volgograd, 2001.

50. Kubryakova E.S. Parties de discours dans l'éclairage onomasiologique. - Moscou : Nauka, 1978.

51. Kubryakova E.S. Initial stages of cognitive formation : linguistics - psychology - cognitive science // Problems of linguistics, 1994.№ 4.p.34 - 47.

52. Kubryakova E.S. Parties du discours du point de vue cognitif. M. : 1997.

53. Kubryakova E.S. Dictionnaire concis des termes cognitifs. M. : 1998.

54. Kunin A.V. Phraséologie anglaise (Cours théorique). - Moscou : École supérieure, 1970. - 342 c.

55. Kunin, A.V. Double actualisation en tant que concept de stylistique phraséologique (en russe) // In.langu. à l'école.

56. Kunin A.V. À propos de la compatibilité phraséologique. - Collection d'actes

scientifiques de l'Institut d'État des beaux-arts Pouchkine de Moscou. M.Toreza, vol. 145, Moscou : 1979.

57. Kunin A.V. Dictionnaire phraséologique anglais-russe. Moscou : langue russe, 1984.

58. Kunin A.V. Cours de phraséologie anglaise moderne -M. : Ecole supérieure, 1986. -336s.

59. Krasavsky N.A. Concepts émotionnels dans les linguocultures allemande et russe. Volgograd, 2001.

60. Likhachev, D.S. Sphère conceptuelle de la langue russe (en russe) // Izvestia RAN. - 1993. - T.52 - №1.

61. D.S. Likhachev. Œuvres choisies : in 3 t. T.2. L., 1997.

62. Lukavchenko I.M. Types de sens apparentés et complexes de mots stables en anglais moderne (sur le matériel des combinaisons de mots de type V+N) : CD-ROM des auteurs ... Cand. phil. des sciences. M. : 1983

63. Mednikova E.M. Signification du mot et méthodes de sa description : (Sur le matériel de la langue anglaise moderne). - Moscou : École supérieure, 1974.

64. Meshcheriakova M.P. Combinaisons du type à faire une erreur de la с точки зрения их синтаксического использования в предложении // Вопросы Романофилологие germanique et des méthodes d'enseignement des langues étrangères. - Sverdlovsk, 1967.

65. Mova V.I. Design type pour faire rire en anglais moderne. AKD, - Moscou, 1965.

66. Mukhtarullina A.R. Catégorie de texte de base en traduction : aspect cognitif de la représentation des modalités. Ufa : Maison d'édition BashSU, 2001.-132s.

67. Narsky I.S. Problèmes de signification du "sens" dans la théorie de la cognition : [Articles recueillis] // Problèmes de signe et de valeur / édité par I.S. Narskiy. - M., 1969.

68. Nikitina S.E. Analyse sémantique du langage scientifique. M., 1987.

69. Nuriakhmetova, Yu.M. Methodology for determination of the functional-cognitive potential of the English verb-name phraseomatic combinations / Collection de travaux scientifiques "Communicative and functional language description". Ufa, BashSU, 2005.

70. Нуриахметова Ю.М. Концептуальная структура английских глагольноNom combinaisons phrasématiques / Collection d'articles scientifiques "Description du langage communicatif et fonctionnel". Ufa, BashSU, 2005.

71. Nuriakhmetova Y.M. L'importance de Fraseomatic et sa signification conceptuelle организация (на материале английских noms des verbes de combinaisons phraséomatiques) // Bulletin de l'Université de Bashkir. Ufa : RIC BashSU, 2008. - №2. - C. 293-295.

72. Нуриахметова Ю.М. Сопоставление fonction cognitive Potentiels des combinaisons de mots phrasématiques anglais et leurs corrélations en russe dans l'Oxford Russian Dictionary // Bulletin de l'Université de Bachkir. Ufa : RIC BashSU, 2008. - №3. - C. 566-567.

73. Нуриахметова Ю.М. Лексикографическое представление функционально-когнитивного потенциала английских noms des verbes des phrases en anglais explicatif et des dictionnaires anglais-russe. - Dis. ... ...cand. phil. - Ufa, 2008.

74. Popova, Z.D. L'espace linguistique sémantique comme catégorie de linguistique cognitive (en russe) // Vestnik VSU. Série 1. Les sciences humaines. 1996, №2., c. 64-68.

75. Popova Z.D., Sternin I.A. Essais sur la linguistique cognitive. - Voronezh : Izd voronezh, Un-ta, 2002.

76. Richard J.F. Activité mentale. Comprendre, discuter, trouver des solutions.

77. Рудакова Л.С. Конверсные соотношения между глаголом и глагольно-combinaison de noms en anglais : Author's thesis .cand. philology. - M.-M. : 1980.

78. Rudenko S.A. Frazeo-lexical verb paradigm in modern English : Abstract of a thesis. ... cand. phil. des sciences. - M., 1981.

79. Ryabtseva, N.K. "Question" : valeur prototypique du concept // Analyse logique du langage : concepts culturels. - Moscou ; Nauka, 1991.

80. Sepir E. Ouvrages sélectionnés sur la linguistique et les études culturelles. M. : 1993.

81. Smirnitsky A.I. A la question sur le mot (Le problème des "mots séparés"). - M., 1952.

82. Smirnytsky A.I. Lexicologie de l'anglais. - M. : Lit. in. in. ulcère, 1956.

83. Stepanov Yu.S. Langue et méthode : à la philosophie moderne du langage. - M. : 1998.

84. Telia V.N. Phraséologie russe. Aspects sémantiques, pragmatiques et lingoculturels. - Moscou : École "Langues de la culture russe", 1996.

85. Uralova L.A. Expérience de recherche sur la stabilité des combinaisons phraséomatiques : Autoref. dis. Cand. phil. des sciences. - M. : 1979.

86. Fomina M.I. Langue russe moderne. Lexicologie. - M.,1983.

87. Cherdantseva T.Z. Idiomatics and Culture// Sondages linguistiques 1996.- №1- p.58-66.

88. Шанский H.M. Lexicologie du russe moderne. M.:Prosv. 1972.

89. Щерба Л.В. Восточно-лужицкое наречие: Оттиск из записок историкоdu fait philologique de l'Unta de Petrograd. - Petrograd, 1915. - T. I, XXIV.

90. Shcherba, L.V. Expérience de la théorie générale de la lexicographie// Shcherba, L.V. Système linguistique et activité de la parole. - Л.., 1974.

91. Shcherba, L.V. Préface du Grand dictionnaire russe-français// Système linguistique et activité langagière. - Moscou : Science, 1974.

92. Bally Ch. Precis de stylistique. - Genève, 1905.

93. Felix S.W., Kanngiesser S., Rickheit G. 1990 - Préface / Langage et connaissances : études en linguistique cognitive. - Opladen : Westdeutscher Verlag, 1990. pp. 1-3.

94. Jakendoff R. Sémantique conceptuelle // U.Eco. M. Santambrogio,p. Violi. Bloomington, 1988. -81p.

95. Dictionnaire encyclopédique linguistique / Ed. par V.N. Yartseva, - Moscou : Sov. Encyclopedia, 1990. - 685 с.

96. Longman Dictionary of Contemporary English, The Pitman Press, 2001.

97. New Webster's Dictionary of the English Language / Delhi, 1989.

Buy your books fast and straightforward online - at one of world's fastest growing online book stores! Environmentally sound due to Print-on-Demand technologies.

Buy your books online at
www.morebooks.shop

Achetez vos livres en ligne, vite et bien, sur l'une des librairies en ligne les plus performantes au monde!
En protégeant nos ressources et notre environnement grâce à l'impression à la demande.

La librairie en ligne pour acheter plus vite
www.morebooks.shop

KS OmniScriptum Publishing
Brivibas gatve 197
LV-1039 Riga, Latvia
Telefax:+371 686 204 55

info@omniscriptum.com
www.omniscriptum.com

Printed by Books on Demand GmbH, Norderstedt / Germany